倾听花开

高中心理教师成长之旅

主　编：王克伟

副主编：黄艳艳　王丽萍　赵建超

傅大坤　张晓梅　王竹燕

江　汶　董勇燕　刘冒闯

中国海洋大学出版社

·青岛·

图书在版编目（CIP）数据

倾听花开：高中心理教师成长之旅 / 王克伟主编.
—青岛：中国海洋大学出版社，2018.7
ISBN 978-7-5670-1808-2

Ⅰ.①倾…　Ⅱ.①王…　Ⅲ.①心理健康—健康教育—教学研究—高中　Ⅳ.①G444

中国版本图书馆CIP数据核字（2018）第104684号

倾听花开

高中心理教师成长之旅

出版发行　中国海洋大学出版社
社　　址　青岛市香港东路23号　　**邮政编码**　266071
网　　址　http://www.ouc-press.com
出 版 人　杨立敏
责任编辑　张　华
电　　话　0532-85902342
电子信箱　zhanghua@ouc-press.com
印　　制　日照日报印务中心
版　　次　2018年7月第1版
印　　次　2018年7月第1次印刷
成品尺寸　170 mm × 230 mm
印　　张　14.5
字　　数　190千
印　　数　1~1000
定　　价　35.00元
订购电话　0532-82032573（传真）

发现印装质量问题，请致电18663037500，由印刷厂负责调换。

前言

德国哲学家、精神病学家卡尔·雅斯贝尔斯说：“教育的本质是一棵树摇动另一棵树，一朵云推动另一朵云，一个灵魂唤醒另一个灵魂。”作为一名教育者，我始终怀着教育的初心行走在教师生涯的旅途中，迄今已走过27个春秋。

在三尺讲台上，我始终心怀虔诚地迎接每一批学生、上好每一堂课，始终怀抱敬畏地面对每一位来访对象。多年来，我一直在探索如何普及心理健康知识，促进学生在不断变化的环境中适应、改变与成长，也始终努力探索高中阶段心理健康工作的开展路径。

因为热爱心理学，所以，我一直坚守着这片热土。2017年8月，我有幸被聘为青岛市第二批名师工作室主持人，于是，青岛市第一个市级心理名师工作室诞生了，这之于我的职业生涯，可谓是一个里程碑事件。因为，我可以在青岛高中心理教育界聚集一帮志同道合的同仁，共同聚力心理健康教育了。此后，我就开始了紧锣密鼓的工作室筹备工作，遴选出来自平度市教学研究指导中心、即墨区第一中学、胶州市第四中学、青岛市实验高级中学、青岛第三十九中学、青岛第五十八中学、青岛市崂山区第一中学、菏泽单县第一中学8个单位的9位专职心理教师，成立了由10人组成的青岛市王克伟心理名师工作室。

工作室成立伊始，我们便远赴呼和浩特参加全国名师工作室联盟会议，名师工作室的5位老师在本次会议上分别进行了课例展示、经验交流等，并取得了全国名师工作室联盟精品课堂教学成果一等奖的优异成绩。随后，我们与即墨北安中学结对，挂牌成立青岛市王克伟心理名师工作室北安工作站；工作室成员出示山东省心理健康德育优秀课例展示公开课，全体工作室成员到场助力；王克伟心理名师工作室还被评为全国先进名师工作室……

短短半年的时间，工作室成员已经建立了深厚的情感连接，有了扎实的工作根底，我们一起学习，一起成长，相互帮助。在这个互助模式下，每个人都感受到了互助团队给予的支持和力量。为记录工作室成员多年来的心理工作轨迹，将我们所做的研究、思考、心理咨询案例呈现给大家，供更多的心理健康工作者参考和学习，同时也为了使更多的教育工作者、家长朋友们了解高中阶段的学生，提高学生享受心理服务的意识，关注自己的心理健康，我们工作室决定结集出版一本心理工作成果集。

我们是一批喜欢热爱心理学、有正能量、有爱心、愿意一起努力拼搏的心理教育工作者。

在心理健康教育的道路上，我们愿携手共进，用自己的爱和热情、专业化的严谨，为青岛市乃至山东省中小学教师、家长和学生送去心理健康教育温暖的春风，愿心理健康教育走入更多人的心中，惠泽更多人的心灵。

很感谢成长的路上有你有我，愿我们共同努力，一起探索！

青岛市心理名师工作室主持人　王克伟

2017年12月

青岛市王克伟心理名师工作室成员简介

王克伟，青岛心理名师工作室主持人，青岛五十八中正高级心理教师，山东省教科院高中心理兼职教研员，国家二级心理咨询师，山东省特级教师，山东省教学能手，山东省心理健康教育先进个人，青岛市拔尖人才，青岛市特级教师，青岛市中小学学科带头人，山东省心理健康教育研究会理事，青岛市心理学会理事。主编的《与烦恼对话》高中册2015年12月由科学技术文献出版社出版。

王丽萍，青岛市王克伟心理名师工作室成员，青岛五十八中心理教师，青岛市教学能手，山东省心理健康教育先进个人，共青团系统心理辅导员，萨提亚咨询师，山东省远程研修专家团队成员。多篇论文发表于《山东教育》等杂志，曾主持或参与多项国家级、省级课题，获山东省首届心理优质课比赛一等奖。

王竹燕，青岛市王克伟心理名师工作室成员，青岛五十八中心理教师，国家二级心理咨询师，萨提亚家庭系统治疗师，山东省心理学会会员。

傅大坤，青岛市王克伟心理名师工作室成员。现任平度市教学研究指导中心专职心理教研员，国家二级心理咨询师，高级家庭教育指导师，青岛市心理学会常务理事，青岛市家庭教育讲师团讲师，山东省家庭教育工作坊主持人。青岛市教学能手，获青岛市优质课一等奖，平度市教学能手，平度市学科带头人，多次出示青岛市级公开课、名师开放课堂，主持和承担的青岛“十二五”课题“教师心理素质拓展训练研究”已顺利结题。

黄艳艳，青岛市王克伟心理名师工作室成员，现任即墨一中专职心理教师，国家心理督导师，国家二级心理咨询师，共青团中央中级心理辅导员，生涯规划师，青岛市教学能手，青岛市高中心理学科实验基地主持人、青岛市教育局特聘家庭教育讲师，即墨区妇联特聘家庭教育专家，即墨区委宣传部“百姓宣讲团”成员，即墨区未成年人心理辅导站首席心理辅导员，荣获山东省首届心理健康学科德育优秀课例展评一等奖、山东省心理健康教育先进个人、青岛市青年教师优秀专业人才、即墨名师、即墨区教学能手、即墨区三八红旗手等荣誉称号，入选青岛市第三期名师培养工程。主编《寻找生命的地图》，由青岛出版社出版。主持研发校本课程“画出心灵的地图”和“美妙的学习之旅”，分别被评为青岛市中小学幼儿园校本课程精品课程和优秀课程，主持和承担青岛市级以上多项课题。在各机关事业单位、学校等开展心理讲座、家庭教育讲座150余场，擅长青少年心理辅导、家庭治疗及生涯规划。

赵建超，青岛市王克伟心理名师工作室成员，山东省胶州四中心理教师，山东省心理教育研究会理事，山东省心理健康教育先进个人，国家二级心理咨询师，婚姻家庭咨询师。胶州市未成年人辅导站站长，家庭教育指导师，家庭教育讲师团成员，《时尚育儿》杂志特邀专家。深入学习精神分析、萨提亚家庭治疗、存在主义心理治疗、沙盘治疗、催眠、意象对话、绘画治疗等专业课程。公益讲座超过100场。

张晓梅，青岛市王克伟心理名师工作室成员，青岛实验高中心理教师，国家二级心理咨询师，共青团系统中级心理健康辅导员，青岛市教学能手，青岛市高中心理学科实验基地主持人，青岛市为了明天自护教育讲师团讲师，山东省心理工作先进个人，山东省健康教育优质课比赛二等奖。

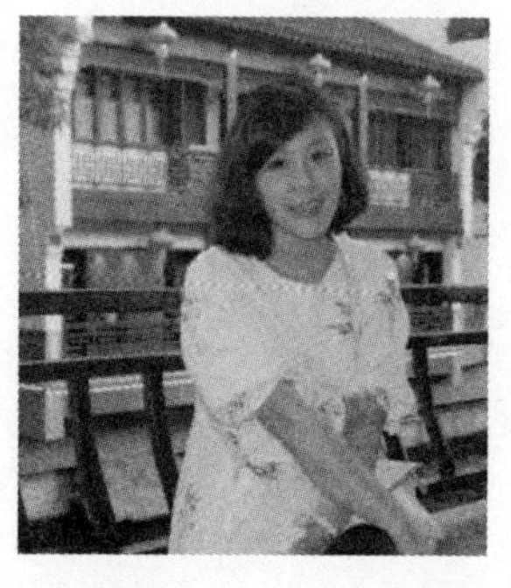

江汶，青岛市王克伟心理名师工作室成员，崂山一中心理教师，国家二级心理咨询师，共青团系统中级心理健康辅导员，国家二级人力资源管理师，青岛温心计划公益心理咨询师。2017年开设“笔尖上的精彩”青岛市校本公开课，“我会放松宁心”课被评为2016青岛市一师一优课优秀课例，主持开发的“青芒——描绘生涯蓝图”被评选为2017年青岛市精品校本课程。

董勇燕，青岛市王克伟心理名师工作室成员，青岛三十九中心理教师，国家二级心理咨询师，生涯规划师，EAP心理援助师。负责的“高中生涯规划”获青岛市精品课程；“我的人际圈”获青岛市2016年一师一优课。

刘冒闯，青岛市王克伟心理名师工作室成员，山东省教育科学研究院心理兼职教研员，山东省单县第一中学心理教研室主任，国家二级心理咨询师，主要从事学生生涯规划、家庭教育、心理健康教育等方面的工作。先后荣获山东省教学课题研究一等奖、山东省心理健康教育优质课二等奖、山东省心理健康教育先进个人、菏泽市教坛精英、菏泽市教学能手、菏泽市骨干教师、单县优秀教育工作者、单县优秀创新人才等荣誉称号。先后在光明日报社的《考试》杂志及《现代教育导报》等报刊发表文章多篇，参编专著一部。

目录

上篇　高中心理健康教育教学探微

下篇　高中心理健康教育咨询案例

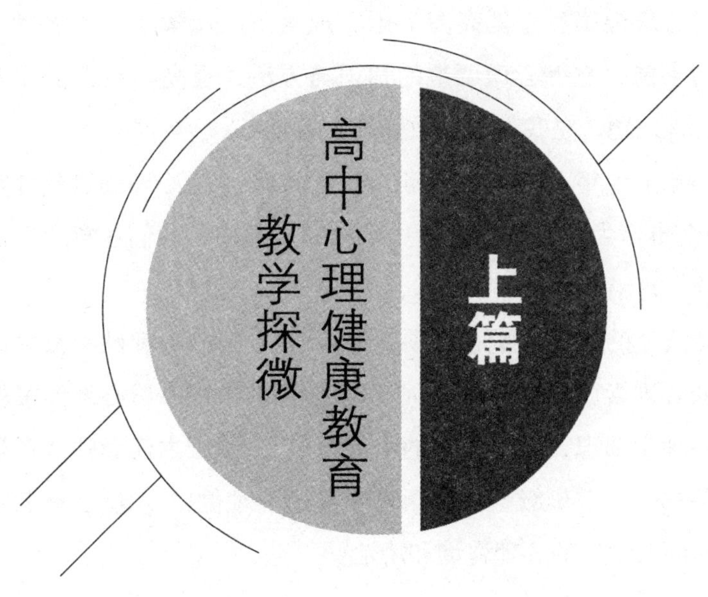
上篇
高中心理健康教育
教学探微

让高中生在心理健康教育中快乐成长

青岛第五十八中学　王克伟

通过心理健康教育提高高中生心理素质，让学生学会学习，学会充分发挥心智潜能，掌握心理调整的知识与方法，提高心理承受能力，克服发展中的心理问题，是我们心理教师的重要任务。

2014年上半年，我们确定高二年级5个班作为心理健康教育实验班，高一年级6个班作为实验对照班级。研究的过程中，我们注意全方位渗透心理健康教育，每半年进行一次阶段性总结。

心理研究的实验变量有四项：① 设立专门的心理健康教育选修课，加强学生的心理素质训练。② 在心理学学科教学中渗透心理健康教育，传授科学的心理学知识，开发学生的潜能。③ 组织班主任老师认真学习心理健康的有关知识，在班级管理和活动中渗透心理健康。④ 心理老师利用课余时间开展面向学生的心理咨询和矫治。

一、组织高二年级班主任老师认真学习心理健康有关知识，在班级管理和活动中渗透心理健康教育

1. 组织班主任学习心理学理论知识，提高教师对学生心理健康教育重要性的认识

组织班主任学习教育部印发的《关于加强中小学心理健康教育的若干意见》《中小学心理健康教育指导纲要》和心理健康基础知识，注意引导教师充分认识心理健康教育的重要性，让教师知道心理健康的人必须具备完整的人格、充沛的活力、进取的精神、愉快的情绪、适当的行为、虚心

的态度及现实的良好适应。明确不同学段学生心理健康的特征有所不同。让老师们通过学习，提高认识，真正懂得一个好班主任的教育是爱的教育，是用自己真挚的爱去影响学生、塑造学生，重视对学生非智力因素的培养，从思想上重视与理解心理健康教育在育人中的地位与作用。

2. 指导班主任讲究科学方法，保护和促进学生的心理健康

（1）正确引导，避免心理问题德育化。学生在平时生活、交往、学习中产生的问题有方法问题、心理问题等，要依据不同情况不同对待。一般在精神上、情感上的问题，大都属于心理健康问题。班主任要注意讲究科学的教育方法，避免心理问题德育化，对于心理问题不能有一蹴而就的思想，更不能粗暴急躁，也不能过分地批评指责，更不能讽刺打击，要朋友式地谈心交心，耐心启发，正确引导。学校心理健康教育要坚持以人为本，强调尊重、理解、信任学生，使学生感受到自身的存在与价值，能更有针对性地确定人生目标，选择适合自己特长的成才之路，在学会处理与他人、社会的关系的过程中，使人格得到完善。

（2）耐心等待。心理问题的解决需有一个过程，甚至是比较缓慢的过程，是水到渠成，潜移默化，春风化雨，而不可能是立竿见影，所以要耐心等待，坚持不懈。这不仅是解决心理问题的有效方法，也是锻炼教师教育能力、提高教师心理素质的重要途径。

（3）对症下药。在处理学生心理问题过程中，要针对学生心理问题的特点，依靠心理医生和专家会诊，个别指导，对症下药，不能一概而论。担任班主任的教师更应努力做到：表扬、批评适度，减轻学生的思想压力，对学生未来的发展充满期望，培养学生正确认识自己和他人。

班主任结合学生心理特点，适时地召开心理健康教育主题班会，加强家访和个别谈话，基本形成了班主任、各学科教师、全校教职工都关心和实施心理素质教育的新局面。

二、尝试全方位、多角度渗透心理健康教育

我们引导级部教师坚持以课堂为主渠道，全方位、多角度地对学生进行心理健康教育。

（1）在课堂教学中渗透心理健康教育。语文、数学、体育、美术、音乐等课教师能结合各科具体内容渗透心理健康教育。学生心理出现“症结”，如学习焦虑、人际关系焦虑，有情绪冲动倾向、自责倾向、过敏倾向、恐怖倾向等时，通过专门教育及时疏导是素质教育不容忽视的环节。我们应牢牢抓住课堂这个主渠道对学生进行心理健康教育，消除其心理障碍或矛盾，使其处于心态平和、情绪稳定、思维灵活，爱憎分明、举止适度这样一种有利于健康成长的环境之中，成为一个身心健康的人。在课堂教学中渗透心理健康教育，我们遵循了以下原则：充分发挥学生学习积极性的主体性原则；保持学习的快乐性情绪原则；面向全体学生的原则；差异性原则；多鼓励表扬、少批评的原则。教师在课堂教学中以学生为主体，优化课堂教学过程，有机、有意、有序地渗透心理健康教育，有效地避免和防止了学科教学中心理问题的发生，力求让学生在和谐、融洽、平等的课堂教学气氛中快乐地积极地学习。

（2）开展丰富多彩的活动。寓心理健康教育于有益的活动之中，通过学生喜闻乐见的活动形式，如社区实践活动、校运动会、艺术节、主题班会等，塑造学生良好的心理品质，使学生发挥才智，发展想象力和创造力，培养良好品质，提高心理素质。

三、开设心理健康教育选修课

通过专门的心理健康教育选修课来实施心理健康教育，这是学校实施心理素质教育最直接的一种手段，也是当今学校实施心理素质教育的“主渠道”之一，它为所有学生都能够接受基本的心理素质教育提供了重要保

证。我们所开设的心理健康教育课包括心理健康诸种知识，每一课围绕一个中心，对学生的生活适应、情感、意志以及人际交往等进行指导，包括适应教育、挫折教育、青春期教育、人际交往技巧训练等，并运用故事法、情景法、角色法、讨论法、设想法等方法，在老师精心设置的轻松、愉快的情景中完成性格矫正、人格重塑、心理调适等。

四、开展多种形式的心理健康个案咨询，尽心为学生服务

学生具有的烦恼、焦虑、紧张，往往因人而异，通过团体指导有时难以收到最佳效果，应通过个别咨询，对个体进行指导，帮助他们减轻心理压力和负担。

为加强对学生的个别心理辅导，我校建立了“同伴心理咨询机制”，以同伴心理辅导为突破口，高二学生结合自己所遇到的各种困惑和心理问题，在心理辅导教师的指导下，策划各种心理教育方案。同伴心理咨询的最大的优点是：咨询者与被咨询者年龄相近，有更多的共同语言，更有利于问题学生的情绪宣泄。为提高咨询人员的水平，我们要求咨询学生和教师对咨询做好记录，事后整理成文，针对学生提的问题组织学习、开展研究，以提高咨询人员的水平和咨询质量。

五、心理实验结果分析

我们在高二和高一年级进行了心理健康状况的初步测试与分析，情况如下。

表1　人际关系测验

常模分数	30分以上		25～29分		19～24分		15～18分		15分以下	
人际状况	很好人数	所占比例	较好人数	所占比例	一般人数	所占比例	较差人数	所占比例	很差人数	所占比例
高二	40	33.61%	49	41.18%	22	18.49%	5	4.20%	3	2.52%
高一	59	38.31%	64	41.56%	25	16.23%	3	1.95%	3	1.95%

在人际关系测验中，高二有119名学生参与，高一有154名学生参与，总共收回有效试卷273份。高二学生人际关系很好、较好的比率占总人数的74.79%，较差、很差的学生占6.72%；高一学生人际关系很好、较好的比率占总人数的79.87%，较差、很差的学生占3.9%。见表1。高二学生的人际关系状况反而不如高一学生，这并不是说我们做的很多工作如人际交往的疏导、讲座等不见成效，而是学生心理发展的必然结果。随着年龄的增长，高二学生身体发育、心理发展更加成熟，有了更多的具有青春特色的小秘密，自尊心也更加强烈，这使得高二学生的人际交往遇到了更多的考验。

表2　情商测验

常模分数	16分以上		7～15分		6分以下	
情商情况	自信融洽	所占比例	忽视情感	所占比例	自我中心	所占比例
高二	23	19.33%	96	80.67%	0	0%
高一	28	18.18%	122	79.22%	4	2.60%

从回收的273份有效试卷上分析，高二学生情商测验各方面的情况均好于高一学生。测验成绩在16分以上，对自己的能力很是自信，即使处于强烈的情感边缘，也不会被击垮。即使在愤怒时，也能进行有效的自我控制，保持彬彬有礼的君子风度的，高二学生比高一高出了0.15%。过分注重自己，对别人关心不够的自我中心型，高一学生占2.6%，高二学生没有。这说明心理健康教育在高二学生身上已发生了一定的成效。见表2。

表3　身心状况测试

身心状况	强迫		忧郁		焦虑		偏执	
常模平均数	高二	高一	高二	高一	高二	高一	高二	高一
	1.46	1.58	1.44	1.41	1.28	1.30	1.47	1.41
超过常模人数	8	24	38	55	37	62	39	62
百分比	6.72%	15.58%	31.93%	35.71%	31.1%	40.26%	32.77%	40.26%

我们利用SCL-90症状自评量表进行了测验，以地区性常模平均分为参考，对高二、高一学生共273人进行了测试，收回有效试卷273份。身心状况测试结果表明，在强迫、忧郁、焦虑、偏执诸方面，高二学生的各种不良心理倾向明显低于高一学生，这是班主任、任课教师、校领导共同协作进行心理健康教育的结果。但结果同时表明，实验级部高二学生偏执、焦虑、忧郁的人数仍不少，这说明我们作为学校心理健康教育工作者仍有很多工作要做。

高一新生适应高中情况调查及其对策研究

青岛第五十八中学　王克伟

很多高一新生都或多或少地对新的环境有这样或者那样的不满意。事实上，面对新的环境，希望每件事都称心如意是不可能的，我们应该做的不是逃避或者挑剔环境，而是积极主动地适应高中新环境。

一、新高一适应高中学习生活的问题表现

高一新生来到一个完全陌生的新环境，出现各种不适应非常正常，只有正确理解和认识这些问题，才能找到解决这些问题的好方法。

2014年10月27～31日，本人对我校部分高一学生做了新生适应能力调查，共调查了5个班150人，他们在学校适应能力方面表现出了不同水平，情况如下。

学生在校适应能力测试

	高一（a）		高一（b）		高一（c）		高一（d）		高一（f）	
适应能力很强与良好	8人	15.4%	5人	25%	1人	4.2%	2人	8%	2人	6.9%
适应能力一般	19人	36.5%	8人	40%	13人	54.2%	12人	48%	5人	17.2%
适应能力较差	25人	48.1%	7人	35%	10人	41.7%	11人	44%	22人	75.9%

高一新生入校两个多月以来，依然有较高比例的心理不适应人群，心理不适应的表现如下。

1. 不适应生活习惯的变化

对高一的同学来说，从幼儿园到小学、初中，一直没有脱离家庭，他们的学习生活也一直有爸爸妈妈爷爷奶奶的照顾，不少同学不会洗衣服，不会收拾床铺，不会洗刷盘碗，连打扫卫生也不会，独立性和自理生活能力较差，更受不了批评，离开家庭住校过集体生活，他们适应新环境较慢，压力很大。

如我校高一某同学，在家里自由习惯了，晚上熄灯后与初中同学小声电话聊天。受到同学们批评后，他认为大家看不起他，反而变本加厉，后来受到老师的严厉批评，由家长把手机收回。这类同学延续了以往在家庭和初中时的不良习惯，必然造成对新环境的适应不良。

2. 不适应高中的学习压力

由初中到高中，学习的科目骤然增多，有数学、物理、化学、生物、历史、政治、英语等10多门课，学习内容增多，学习进度较快，学习方法也应发生变化。

高中学习压力要大大超越初中，面对高考的巨大压力，很多同学高中三年一直在拼搏。特别是我们重点高中，优秀学生集聚，一不小心学习成绩和名次要发生很大变化。学生如果把初中的学习方法和习惯带到了高中，在尝到失败的同时必然会带来很重的厌学情绪。

学生小Y找我咨询，他说他讨厌学校跑操，讨厌早自习和晚自习，更加厌烦某些任课老师，正因为这些因素才使自己的这些学科成绩越学越差。他不愿意参加集体活动，宁愿让自己一个人孤孤单单的，不和任何人接触，几乎没有朋友。他想跟妈妈商量，能不能退学去学习中医，将来做一个医生。17岁的男生，思维并不成熟，他还有自己的理想，只是厌学情绪严重，在学校里多待一天就多痛苦一天。不适应高中的学习压力，以逃避作为解决问题的方法，让我们这些心理老师无限愧疚。

3. 不适应高中阶段的同学和朋友交往

高中生与初中生相比，在智力和生理上更加成熟，个性也更加突出，因此同学交往和朋友交往也会发生较明显的变化，意识不到这些变化，也会遇到新的困难。

我曾经有过这样一个咨询案例：一女同学在宿舍中因一点小事与另一位女同学发生争吵，从此两人谁也不理谁，进而发展到谁和那位同学在一起她就不理谁。久而久之，她在宿舍中变得很孤立，心中十分苦恼。高中生的人际交往有突出的感情化色彩，这也会给同学交往带来很多麻烦。

此外，高中生由于生理和心理的变化，开始关注、欣赏异性。但是因为心理尚未成熟，没有足够的经验和能力处理男女感情问题，往往最后的结果是荒废学业、心灵受伤。咨询中我发现，心理受伤最重的不是男生，大都是女生。

4. 自我定位出现了问题

重点高中的学生在初中都是尖子生和班长、学生会干部等最优秀的同学。学生小刘在初中时学习成绩一贯优秀，级部前几名，倍受老师喜爱，考入高中后才发现自己的成绩排名在班里非常一般，她发誓要夺回以前的荣耀，学习异常努力，成绩有进步，但名次始终维持在中等水平，她逐渐出现了明显的焦虑症状，最后成为一名典型的考试焦虑症患者，不得不休学一年。

高一学生在这个问题上的困难主要表现在以下两个方面。

（1）缺乏重新自我定位，对过去的初中生活有“抱残守缺”现象。部分高一新生习惯了初中优秀的自我定位，认为自己稍微努力一下还会保持原来的“完美形象”，但现实打破了他们的梦想，在多次失败之后出现了逃避、怀疑的心理与行为。

（2）自视过高，自我评价出现了问题。高一新生在评价上出现的问题是：自我评价高于老师同学对自己的评价。这种情况的发生会严重挫伤学生的学习积极性，产生强烈的心理失衡现象。

二、提高高一学生的学校适应能力，我们应做好以下工作

1. 引导学生做好充分的心理准备

我们之所以会产生不安全感，甚至恐惧感，就在于对即将要去的地方，或要见到的人不了解、不熟悉。学生来到高中，面对新的环境、新的老师、新的同学、新的管理制度、新的住校生活、崭新的未来时，应该做好充分的心理准备：我们会遇到很多学习和生活的不适应，会遇到前所未有的竞争和挑战，有了这样的心理准备，才能不怕困难和克服困难，并在挫折中进步和成熟。

2. 发挥心理课的作用，引导学生告别初中，确定自己的高中生角色

本人给高一新生上“快速适应高中生活”一课时，告诉学生：“昨天已经过去，昨天的成功或失败都不能代表今天的你和明天的你，褪去昨天成功的光环和失败的阴影，从零开始，你照样能成功。”

我让学生大声地充满感情地读出：“我的初中，我的母校，我的初中班主任，我最亲的老师，我的荣耀，我的光环，我的成功，我的失败，我忘不了你们，我深深地爱着你们！可我长大了，我们还是说要再见！谢谢你们！再见了！”

接着是三鞠躬：感谢母校一鞠躬！感谢老师二鞠躬！感谢初中同学给予的友谊三鞠躬！

然后，再大声宣布：“我是青岛五十八中的高一新生，我带着爱和充满力量的心上路了，我要在这里接受新的挑战！我要重新开始，从上好每一节课开始，从认真完成每一科作业开始，从充分利用每一分钟开始，我要实现我的梦想，三年后进入我梦寐以求的大学！我肯定会成功！一定会的！”

这是一个面向过去的告别仪式，也是一个确定自己高中生角色的仪式，仪式结束的时候，有个别学生流泪了，仪式触动了学生的心灵，对帮

助学生确定高中生角色、快速适应高中生活有较好的促进作用。

3. 主动适应高中的学习生活

第一，美国哲学家、诗人爱默生说得好：一心向着自己目标前进的人，整个世界都会给他让路。我们要引导学生制定符合自己情况的人生目标，即最近发展区目标，在目标的引领下一步一步踏实前进，每一次小成功都会激励学生克服困难，勇往直前。

第二，寻找机会展示自己的特长，找到自己的自尊、自信和不断前进的动力。

第三，在班级和级部找一个自己身边的榜样人物，用其学习事迹激励自己，不断努力，直到追上他的学习水平。

第四，善于自我反思，不断剖析自己的优缺点，找到努力的方向，让自己一天比一天进步。

第五，要适度超前学习，会问、会听、会灵活性地解决问题，学会主动学习和独立学习是高中生学业取得成功的关键。

4. 班主任和任课老师关爱学生，创建和谐民主的班级氛围

爱学生是老师的天职，没有爱就没有教育，只要班级充满爱，有民主和谐的班风，宿舍和班集体像家庭一样温暖，学生互帮互助，又有老师的宽容与激励，那么学生就会较快地适应高中生活。在心理适应能力测试中我们发现，班主任缺乏工作经验，一味用强硬手段管理学生，不仅引发了学生的抵触之心，而且大部分学生难以快速适应高中生活，适应较差的学生竟占到了全班学生的75.9%，这对班主任的工作方式是一个严峻的挑战。

5. 引导学生建立和谐的人际关系

首先，以诚待人、讲究诚信、严于律己、宽以待人是拥有和谐人际关系的关键。假设同学托付你一件事，你答应得很好，但转眼就忘，没有诚信，就失掉了做人的根本，同学还会信任你吗？其次，还要注意关心别人，不要自私自利。曾有这样一个案例：某同学为了不让同宿舍女同学分

吃她的苹果，竟躲在厕所里吃。她忘了一点，在你不让别人分享你的食物的时候，你也分享不到别人的食物；在你不尊重别人的时候，你也得不到别人的尊重，如此的自私自利，哪里会有朋友！最后，对待朋友要有宽容的胸怀。俗话说：“水至清则无鱼，人至察则无徒。”朋友的一点过错你都不放过、不能原谅，怎么会有更多的朋友！

良好的人际关系是社会适应的重要内容，它不仅可以提高我们的自我认识水平，还可以拥有安全感、满足感、幸福感。

6. 正视自己，面对自己，重新评价自我，增强自信

在新的环境下，要有自知之明，能客观恰当地评价自己能力和性格中的优缺点，正视自己，不自卑，也不自傲。对自己的生活和理想的确定要切合实际，不要对自己提出过分苛刻和超出现实的期望与要求，坦然面对自己，也不要因自我评价过低、自卑感过强而提出过低的生活和学习目标，要做到自知、自爱、自尊、自信、自强。要有良好的心理素质，不要因一时的失败而灰心丧气、甘心失败，也不要因一时的胜利而自傲自大，要有清醒的头脑和坚强的意志品质。

心理健康四步教学法的探索与实践

青岛第五十八中学　王克伟

心理健康课是学校为了保障学生心理健康，运用有关心理学方法和手段提高学生心理素质，促进学生身心全面和谐发展的一门选修课程。所以，心理健康课不仅仅是让学生了解一些心理学知识，更重要的是让学生通过自主参与去体验感悟提升，将必要的心理知识用于实践中，帮助自己克服困难。

教学方法是教师和学生为了实现教学目标、完成教学任务在教学过程中运用的方式与手段的总称。所以，我在心理健康课教学实践的探索过程中，依据中小学心理健康教育课堂教学内容的要求，充分考虑发展性、活动性、主体性、接受性和合作性原则，根据自己多年心理健康教育课堂的教学情况，总结探索出“情绪激活—活动体验—交流讨论—感受升华”心理健康教育课堂教学模式。

一、情绪激活

新课开始，教师能否在较短的时间里调动起学生的积极性，吸引学生的注意力，使学生思维进入兴奋状态，迅速进入学习轨道，是心理课成功与否的关键。因此，课前几分钟的热身活动非常重要，它可以调节课堂气氛，激活情绪，增加心理课堂的吸引力。

例如，你在1分钟内能够鼓掌多少次？在未经体验的情况下，多数学生会低估自己所能达到的次数，当实验之后会产生惊人的效果，能够激发学生自信心。另外，可以稍加引导——鼓掌时我们的腹肌运动有利于我们产生愉快的感觉，保持良好的情绪状态，掌声送给自己可以帮助我们建立自信，送给别人有助于我们形成良好的人际关系。

再如“相反”游戏，教师发令“起立”“坐下”等，要求学生做出与教师口令相反的动作，如老师说“坐下”则学生应起立，教师说“大西瓜”，学生则要比划小西瓜的样子。

二、活动体验

学生的成长需要领悟，而领悟最好的方式是体验，能够使学生更好地体验的形式是活动。因此，体验性活动理应成为学校心理课最主要的方式。经过长期的实践，我发现，心理课上对体验性活动的运用是一堂好课的重要标志，也是上好心理课的重要保证。很多中小学都开展了各式各样的团体心理活动，活动中最主要的方式就是活动体验，而作为班级团体心理课，恰当地将团体心理活动中的体验性活动进行借鉴和改造，使之适合于心理课，这将大大提高学生对心理课的兴趣。

例如，上“我信任　我快乐”一课，热身活动是背对背相互背起对方，让学生体验被人背起来的既害怕又轻松的感觉。主题活动是盲行，分为以下几种情况：第一，不许肢体接触，用语言指挥同伴跨越障碍完成任务；第二，手拉手率领同伴跨越障碍完成任务。第一种情况下学生行动缓慢，第二种情况下大部分学生可以用手拉着同伴跑步完成任务。活动中学生对信任的体验丰富而深刻，为交流讨论环节做好了准备。

上“分享快乐”一课时，放歌曲“步步高”为伴奏音乐，请同学们在欢乐音乐的伴奏下，在纸上写下自己有生以来最喜欢、最高兴的五件事。这五件事可以是大事，也可以是小事，但必须是自己真正感到高兴的事。学生写完后放音乐“美丽的星期天”，以小组为单位，向小组成员诉说自己的“五大欢乐”。快乐的音乐唤起快乐的回忆，给学生快乐的心情和体验。

三、交流讨论

心理课以活动、体验、分享为主线，充分体现学生的自主性，符合新课程改革自主、合作、探究学习模式的基本要求，但同时因此会引发一些问题，如因为活动性强而造成的难以组织、课堂纪律混乱等问题。课后我们常常埋怨学生注意力不集中，纪律混乱。

其实，埋怨学生纪律不好，是以我们的纪律要求去评价学生，我觉得心理课应该反过来，以学生的表现来反思我们的课的设计和实施是否合理。如果学生在课中显得松散或看起来纪律不好，有两种可能：一是课的内容设置和执行出了问题，不足以引起学生的注意；二是学生的天性本就好动。

例如“我信任　我快乐”一课，经过充分的活动体验后，学生分组开始了激烈的讨论，最后每一个组选派1～2人上台发言，学生们认为，信任能建立良好的友谊，信任能建立良好的班级风貌，甚至有学生认为人与人之间彼此的信任有利于建立良好的社会风气，有利于社会主义精神文明建设。经过头脑风暴，学生的发言角度涉及各个方面，发言内容对老师们都有深深的启发。

四、感受升华

此阶段对心理课的教学效果具有深化作用。教师要引导学生将课上所体验感悟的心理学道理运用到生活中，对自己的学习和生活产生影响，铺垫未来成长。

比如“分享快乐”一课，课结束的时候，我告诉学生：一份欢乐，两人分享，就是两份欢乐；你把自己的快乐分享给很多朋友，就拥有了很多快乐；把痛苦与朋友分享，痛苦就会减半。快乐和痛苦的分享能让大家增进了解、加深友谊。

上完“我信任　我快乐”一课，我让学生和周围所有的人相互击掌，一边击掌一边喊：“我信任，我快乐！”引导学生将信任运用到生活中，建立良好的人际关系，获得更多的快乐和幸福。

“情绪激活—活动体验—交流讨论—感受升华”心理健康教育课堂教学模式使用多年后，我们使用《心理健康课程实施调查表》对学校基础年级高一高二学生随机选择10个班500多名学生进行了调查，调查结果如下。

1. 你喜欢心理健康课吗？（　　）

A. 非常喜欢77.6%　B. 喜欢14.2%　C. 不喜欢5.7%　D. 无所谓2.4%

2. 你喜欢你们心理老师的上课方式吗？（　　）

A. 非常喜欢81.3%　B. 喜欢16.5%　C. 不喜欢1.3%　D. 无所谓1.1%

3. 你对学校选取的心理健康教学内容满意度怎么样？（　　）

A. 非常满意79.3%　B. 满意15.2%　C. 不满意2.7%　D. 无所谓2.7%

4. 你认为心理健康课以哪种形式开设比较好？（　　）

A. 必修课83.2%　B. 选修课12.3%　C. 无所谓 4.5 %

5. 你认为高中学校是否有必要开设专门的心理健康教育课程？（　　）

A. 非常有必要83.2%　B. 有必要 13.6 %

C. 没有必要1%　D. 无所谓 2.2%

6. 心理健康教育的实施会直接或间接地提升我们的学习状态和学习成绩，你的看法是（　　）

A. 非常赞同，感觉到了69.5%　B. 赞同，有点吧 25.3%

C. 不赞同，没有感觉到3.2%　D. 不明确 1.8%

以上调查结果显示，我校学生对心理健康课的喜欢程度达到了91.2%，对心理健康教学内容的满意程度超过94%，认为学校有必要开设心理课的学生占到总人数的96.8%，在“心理健康教育的实施会直接或间接地提升我们的学习状态和学习成绩”的调查中，赞同和非常赞同的学生达到了94.8%，说明“情绪激活—活动体验—交流讨论—感受升华”为主要教法的心理健康教育课堂在学生成长和为教学中心服务方面已经发挥了重要作用。

2015年以来，我校心理中心在高三“一模”前后加大工作力度，一是给各个班级送心理健康课，把缓解压力的方法送到高三学生身边。二是对学生进行个别辅导，每年到高考前夕，我们心理中心几位老师个别辅导总人数可以达到甚至超过几百人次，为我校高三毕业生连年一本达线率保持山东省第一名做出了突出贡献，受到学校表彰和学生欢迎。

家风和谐，孩子才能快乐成长

青岛第五十八中学　王克伟

爸爸妈妈是孩子成长的第一任老师，孩子无论多大，父母的影响终生无法消除，甚至是父母生活的翻版，所以，只有重视对孩子的教育，拥有良好的家风，孩子才能一生幸福。

首先，做家长要以身作则。部分家长不明白，为什么人家的孩子很优秀，而自己苦口婆心教育的孩子，成绩老不如人家。其实大部分原因在家长身上，要求孩子努力学习，而自己却在看电视玩游戏，孩子肯定不服气。

其次，家长要注意创造和谐的家风。如果夫妻经常吵架，在孩子心灵深处会留下胆怯、忧虑的影子，孩子很难快乐成长，其实夫妻经常吵架也是家风，孩子长大后虽然特别讨厌吵架，却会在相似情境中不自觉地使用父母使用过的手段解决问题，从而导致家庭不幸福。因此，家庭中应该夫妻和睦，相互关心，有分歧相互商量，相互谅解，尊重孩子，让孩子有说话的权利。和谐家风中成长起来的孩子，根本不知道什么叫逆反，孩子的独立性很强，有自己的主见，一直在幸福快乐地成长着。

第三，不要溺爱孩子。孩子能做的事，家长尽量少替孩子做，家长多做了，孩子就一点也不做了。孩子做点家务，可以培养孩子的责任感、成就感。孩子要东西，特别是贵重一些的物品，可以让孩子尝试以自己积攒零花钱的方式购买，千万不要孩子要什么就立刻买什么，最起码要采取延迟满足的办法，过一段时间再买，让孩子学会等待。有些家长说，不知道怎么了，孩子一点上进心都没有。孩子从小要什么有什么，他没有必要去争去抢，他只学会了等待长辈的满足，哪里会有前进的动力！

第四，不要以为孩子小，什么都不懂，对于孩子的提问，要认真回答，要通过孩子的问题，将一个道理告诉孩子。你不回答孩子的问题，孩子感觉不到信任，也不会跟家长多说什么。孩子们说：“别看我的年纪小，我什么事都知道，我还知道好多你以为我不知道的事，那些你不想让我知道的事，我也不会让你知道我知道……”

第五，不要把孩子的分数放在第一位。分数仅仅是孩子生命的一部分，分数无法取代孩子的快乐成长，智商和情商一样重要，都是孩子未来发展所必须。不要到了孩子已经出现了心理和生理问题，才无限伤感地把学习成绩放到了最后一位。孩子考第一名是好样的，考最后一名也不见得没有成功的人生。只把分数摆在第一位的家长，会大大伤害孩子的心灵，孩子会问：妈妈爸爸，你是要分数，还是要我这个孩子？我们无法回答。

更不能容忍的是，在很多妈妈的嘴里经常说出“人家的孩子如何如何”，这是对自家孩子的鄙视、不满和严厉批评，是对自己孩子心灵的伤害，家长们一定要特别注意。

让以人为本成为教学的常态

——读于永正老师《做一个学生喜欢的老师》有感

青岛第五十八中学　王克伟

“以学生为本”是于永正一以贯之的教学特色。于老师认为，学生的身心尚处于发展过程中，并且其发展具有客观规律性；学生具有巨大的发展潜能，不可低估；学生是独特的人，每一个学生都有着自己独特的内心世界，有着跟成人不同的观察、思考和解决问题的方式。在教学过程中，于老师在遵循学生身心发展规律的基础上为学生的成绩提高创造更大的发展空间，追求与学生学习规律的一致性，激发和保持学生学习的动机和兴趣，还学生以主动学习的地位，并重视在学习过程中获得体验和自由个性的实现，使教学过程成为学生积极学习、能动发展的过程。

于老师的“以学生为本，以读书为本，以创新为本”“重情趣、重感悟、重积累、重迁移、重习惯”的教学特色的提出，标志着于永正老师教学艺术风格的成熟和进一步完善，值得我们思考和学习。

给2014级高一学生上心理课的时候，我给一个班级上过“痛苦的选择”一课，进行得很顺利，而到另外一个班上课的时候，一开始就不顺利，操作步骤是写出对自己影响最大的五六个人，然后一次次地划去，最后留下一个人，划去代表着这些亲人百年后离开你的生活。当我布置学生反思自己的生活，写出对自己影响最大的人的时候，部分学生干脆拒绝，不予配合，我很着急，要求他们一定要写，因为这节课是心灵成长的重要组成部分，可是他们依然不写，我有点愤怒，但还是平静地把这节课的课题在国外、国内上课的情况讲给大家听，希望大家接受现实，做好心理准备，但铃声响起，下课了。

下课的时候，我很难过，心情跌到了谷底，我的课一直挺受欢迎的，没想到这次遇到这么大的失败。我不甘心地反思自己：是课题有问题，还是我的教学方法有问题？课下我悄悄找几个女生聊了聊，她们说："老师，我们喜欢你的课，但不喜欢那个课题，父母是我们生命中最重要的亲人，不能把他们划掉。"她们还说，有一个同学信佛教，对父母的敬重程度不是我们一般人所能想象。

我忽然明白了一个道理：教学中我做到以学生为本了吗？这个年龄段的学生有自己独特的心理规律，心理趋于成熟，但对父母尚有一定的依赖，父母是他们生命的组成部分，这样的心理游戏在这个年龄段真的不合适，可以放到大学和成人阶段进行。我决定这节课在我的高中心理教学生涯中将永远不再出现。正像于永正老师所说，教学过程中，要在遵循学生身心发展规律的基础上为学生提高创造更大的发展空间，追求与学生学习规律的一致性，重视学生学习过程中体验和自由个性的实现。

同样，在心理咨询中，离开了以人为本，也无法助人自助。

我和原高三某生的一段咨询对话如下。

生：老师，您说人生的意义是什么？

师：这是一个偌大的哲学问题，不好回答。你是怎样思考这个问题的？

生：我没找到人生的价值，觉得活着没有意义。我跟我好朋友说这件事，她说你得好好活着，要不然对不起妈妈。我告诉她们等我毕业了，给妈妈创造一个好的生活条件，我再去死。

师：（思考）她真的是一个活够了的女孩吗？那她为什么来找我？（我立刻反问了一个常规的问题）你真的想过怎么死吗？

生：（笑了）没有。

师：（思考）这个女生恐怕这段时间以来负面情绪过多，压力较大造成了她目前的这种状态。（从以人为本的角度出发，我追问：）这段时间遇到什么困难了吗？是不是学习出了问题？

生：上高三以来的几次考试，成绩一次次退步，我觉得自己努力了，可不知道为什么会这样？找不到解决问题的方法，非常苦闷，感觉自己出问题了。再加上回家妈妈经常跟我说一些人与人之间的不信任、不择手段竞争的负面信息，让我特别难受，甚至不愿意回家，经常觉得活着没有意义。

根据她的情况，我先后问了两个问题：

1. 你的成绩退步大吗？你认为考试成绩退步是自己出问题了吗？

2. 能不能找到学习和生活中有哪些快乐的事情？

关于第一个问题，她告诉我本来是级部前20名，现在到了60多名了（理科），自己无法接受，努力一段时间不见成效，所以很压抑。我问她：是妈妈和老师要求很高吗？她说都不是，是自己很要强。我问她：是你自己学习能力不强，或者是自己变笨了吗？她一一否认。同时她自己发现，在大家都努力拼搏的时候，成绩的提升真的好慢，她说要给自己足够的拼搏努力的时间才行。

关于第二个问题，她说自己本来挺活泼的，可是成绩退步和妈妈的负面信息让她很抑郁。

我引导她："现实中你有一米六多，在你的心目中，你认为自己有多高？"她想了想说，应该等高或更高。我告诉她："你有强大的自我，应该挖掘出自己内在的力量，这些小问题，你自己都能克服。"

美国心理学家罗杰斯开创的求助者中心疗法影响最大，是人本主义疗法中的一个主要代表。他认为，任何人在正常情况下都有着积极的、奋发向上的、自我肯定的无限的成长潜力。

如果人的自身体验受到闭塞，或者自身体验的一致性丧失、被压抑、发生冲突，使人的成长潜力受到削弱或阻碍，就会表现为心理病态和适应困难。

人本主义认为人的需要层次有：生理的需要，安全的需要，归属与爱的需要，尊重的需要，认知的需要，审美的需要，自我实现的需要。

他们认为，每一个人包括我们的学生都有自我实现的需要。上面这个学生找不到自我的价值，产生了活着没有意思的苦闷，说明她在尊重、认知等需要上出现了问题。

以人为本的人本主义心理学思想越来越多地渗入我们的教育当中，我们不得不学会新的思维方式，将心理学的方法方式更多地融入我们的传统教育教学当中，希望以人为本成为我们教育教学的常态。

关注生命教育　引导高中生健康成长

青岛第五十八中学　王克伟

读《周国平论教育》，其中的生命教育八题给我深深的启迪。

周国平认为，在这个世界上，人最需要的是爱。他说："从茫茫宇宙的角度看，我们每一个人的确都是无依无靠的孤儿，偶然地来到世上，又必然地离去。正是因为这种根本性的孤独境遇，才有了爱的价值、爱的理由。人人都是孤儿，所以人人都渴望有人爱，都想要有人疼。"由此他进一步推断："如果我们想到与我们一起暂时居住在这颗星球上的任何人，包括我们的亲人，都是宇宙中的孤儿，我们心中就会产生一种大的悲悯，由此而生出一种博大的爱心。"在他看来，人格教育的灵魂就是培养人的爱心，甚至是博爱之心。由此可见，人格教育就是一种生命的教育，更是一种生命灵魂的教育。

根据心理学家马斯洛的需要层次理论，当一个人满足了爱的需要以后，他会有更高的自我追求，即自我实现的需要，去争取最大的成功，这是一个人最高的需要层次。但在周国平看来，"在确定自己的人生目标时，不应该把成功作为首选。首要的目标应该是优秀，其次才是成功。所谓优秀，是指一个人的内在品质，有高尚的人格和真实的才学"。他认为，"一个人能否成为优秀的人，基本上是可以自己做主的；能否在社会上获得成功，则在相当程度上要靠运气。"在优秀与成功的关系上，他认为并不对立，他强调，"在根本的意义上，作为一个人，优秀就已经是成功"。

在周国平眼里，人格教育的灵魂是什么？就是爱的教育，是在爱的教育基础上追求精神和品格的完善，让自己成为一个优秀的人、一个成功的人、一个幸福的人。

我们作为教师，关注生命，以学生为本，构建生本课堂是我们的根本任务，也是新课程改革的基本要求。教学中我们要关注生命，也就意味着要关注学生的情绪，关注学生的人格成长，不能眼中只有学科、只有成绩，离开了学生的生命，一切都变得毫无意义。

我们在心理咨询中只有以学生为本，关注生命的存在，才能取得心理咨询的成效。

一次，我校一个高三女孩，面色苍白，面带礼貌的微笑问我："老师，您有时间吗，能不能跟我聊聊？"我说："当然可以。"

她坐下了，却看着我没有说话，也许有些犹豫。我说："心理咨询有保密原则，这是我工作的准则，你放心吧。"我想引导她说话，就问："是学习压力大吗？"她回答说有好几个方面的事，希望老师给予点拨。

她说："我爸爸妈妈想要一个小弟弟或小妹妹，我一直不能接受。老师，您说我是不是有问题？"我一下子想到，除了学习，这也许是她的另一个重要焦虑源吧。我笑了笑，问她："你妈妈多大年龄了？打算什么时候再要孩子？你的这种焦虑有多久了？"她说："我妈妈42岁了，还有半个多月就要生小弟弟或小妹妹了，我的这种焦虑有半年多了。""那你爸爸妈妈没跟你聊过这件事吗？""聊过，我一直不能接受。妈妈说是为了我好，是为了将来减轻我的负担。"

我问她："你想过你的小弟弟或小妹妹吗？"她说没有，我启发她说："你与你的弟弟或妹妹有共同的父母，他会亲热地叫你姐姐，缠着你讲故事，你不喜欢吗？要是你担心他（她）分享了你的爱，你要加倍爱他（她），关心他（她），那爸爸妈妈就会把所有的爱平分给你们俩，甚至爱你更多，不是吗？"

听了我的引导，她低头沉思多时，面部表情轻松了许多。

她接着说："我对我未出生弟弟妹妹的不接纳，还有另外一个原因，就是我想出国上大学，这也和我的学习成绩连在一起，可我爸爸妈妈不支持我，我不知道自己该怎么办。"我笑着说："噢，还挺复杂，你具体说说好吗？"

她说："我在高一高二的时候，学习成绩一直在班级前列，级部前50名左右，我非常自信可以到国内名牌大学深造。也不知道怎么了，上高三之后，我的学习成绩急剧下降，快半年了，多次考试成绩退到了理科400多名同学中的200名左右，受同学的影响，我也想到国外大学学习，国外大学对学习成绩的要求会低一些，我还有机会到国外名牌大学学习。"

虽然她没有说得更清楚，我突然明白，到国外的名牌大学学习，需要更多的费用，一旦有了弟弟妹妹，她的愿望就很难达成，这也是她不能接纳妈妈再要一个孩子的重要原因之一。

我接着跟她聊了心理咨询的中立性原则，心理老师要尊重来访同学，与来访的同学是平等的地位，决不能利用老师的身份去强迫来访者服从自己，尤其是遇到来访者的价值观与自己的价值观相冲突的时候，要暂时放在自己的价值观体系，了解来访者的态度、观点。在准确了解的基础上，予以接纳和理解，然后再进行分析、比较，引导来访者自己去判断是与否，最终做出自己的选择。

我说："对于你想去国外学习的想法，我不加评论，只是希望你思考：去国外学习，有哪些好处？有哪些不足？在国内高校学习，哪怕是二本院校，有哪些好处？有哪些不足？希望你回去后自己列一下清单，自己与自己辩论一下，深思熟虑后再做决定。"

她又问了我一个问题："老师，这些念头我压抑很久了，对我的学习也产生了很大影响，和您谈完了，我觉得轻松了许多，可如果我做出决定后，还是很压抑、很焦虑怎么办？"

我告诉她："不要觉得焦虑有多坏，把焦虑当朋友吧，慢慢与它相处，你就会逐渐恢复以往较好的学习状态。不过也要注意在理念上有所改变，积极参加我们学校的体育活动，多呼吸新鲜空气，时间合适的话可以唱唱歌，晚上早睡一会，也可以采取深呼吸和想象放松的办法让自己逐渐快乐起来。"

关注生命，热爱生命，以生命为本，与生命中遇到的问题做朋友，我们才能获得更多的成功！

中学生注意力集中技巧研究

菏泽市单县一中　刘冒闯

一、前言

在人们的生活、学习和工作过程中，注意力起着非常重要的作用。同样，注意力的集中程度对学生的学习也是至关重要的。有人做过这样的实验：被试在注意力高度集中时背课文，只需要读9遍就能达到背诵的程度，而同样的课文，在注意力不集中时，竟然读了100遍才能勉强记住。可见，注意力与人的学习效率和工作效率有着非常密切的关系。

许多前来咨询的同学提出的问题是和学习成绩联系在一起的，而学习成绩的状况又与注意力的集中程度有关：有的同学是由于人际交往、情绪、家庭等原因而不能集中注意力学习；有的同学常常在休息后很难静下心来学习；有的同学因学习成绩不理想或波动较大而无法集中注意力学习；也有的同学长时间注意力不能集中，学习效率低下，给自己带来诸多烦恼，比如家长的唠叨、老师和同学异样的眼光等等。这些状况如果不能改变，久而久之可能还会引起心理障碍。

因此，解决注意力集中的问题不仅有利于提高学习成绩、工作效率，而且也有利于中学生的心理健康发展。

二、注意力集中的技巧及应用方法

注意力的好坏并不是先天遗传的，而是靠后天的学习培养和训练得来的。有些人经过培养训练，注意力和注意品质得到很好的提高，久而久之形成习惯，就有了良好的注意力品质。下面，我们介绍一下注意力的训练法。

1. 适用对象：中学生及中学生年龄以上的所有人员。由于本人主要是面向学生进行心理咨询，所以主要是以学生为例，其他人员可以参照应用。

2. 使用范围：在学习工作生活中由于各种原因不能集中注意力的；由于注意力的原因带来诸如学习成绩差、考试发挥不理想、情绪波动大等诸多苦恼的。对于因生理因素引起的注意力不能集中的情形除外。

3. 使用方法：讲解、举例等。

4. 具体用法：

第一步：倾听学生的心声，了解学生注意力不能集中的具体原因。

（1）如果是情绪或压力方面的原因。我们可以先运用合理情绪疗法、认知疗法或各种有效的减压法来有效地调控学生的不良情绪。

（2）如果是兴趣方面的原因，可以同时培养学生的兴趣。

当然如果有性格、学习习惯、学习态度的原因，我们也要同时解决这些问题。总之，我们要先分析清楚学生注意力不能集中的原因，对症下药。

第二步：向学生讲解注意力集中技巧。

在心理咨询中我最常用的方法是以下两种：

（1）语言引导转移法：我们可以用语言来引导自己，告诉自己应该做什么，而不是一味地反思过去，或体验影响自己的不良情绪的状态。

语言引导的具体做法是：当我们情绪不好，不能专心地学习，或是休息以后很长时间不能进入学习状态时，我们可以用这样的语言来引导自己："我该干什么了？我该学什么了？"如果是做的试题感觉很难，而不能集中注意力做题，可以问自己："我还有哪些试卷没有做？还有哪些试题没有做？还有哪些题目没有记住？"如果是对本节课没有兴趣，可以用"这堂课的内容很重要啊！注意听""这门课很有意思呀！我要好好学"等语言来引导自己的思维，然后自己马上动手去做。

这样，我们的思维就不会一味地沉浸在过去当中，而是以现在为导向，把注意力集中在目前需要做的事情上，这有利于转移或集中我们的注意力。

（2）借助其他工具转移法：比如借助笔，用笔在自己想要学习的段落下面画线（不一定画在纸上），同时自己慢慢地理解刚刚画过的话，或者默默地读着这一部分，并尽力理解它们，不大一会儿你就会发现自己进入了学习状态，而烦心事也就离你远去了。

这两种方法可以单独用，也可以结合着用，一般都是结合使用。先使用语言引导自己的思维，再借助工具把自己的注意力集中到自己要做的事情上。

第三步：告诉学生运用注意力集中技巧时的注意事项。

（1）用语言引导自己的思维以后要马上做，不要犹豫。手头儿上有什么看什么，等心情稳定后再找其他的课程学习。有的同学还要在那儿想很长时间："我该学什么？"然后翻很长时间的书，看看这不愿意看，再拿起另一样看看，不行再放下。结果自己还没有稳定的心绪又浮躁起来，就很难再进入学习状态了。因此我们不仅要马上做，更要拿手头上现有的资料或课本学习。

（2）不要后悔。有的同学在发现自己没有集中注意力学习后，第一反应就是后悔。后悔自己没有能抓住时间学习，后悔自己没有管住自己等等。我们知道，过去的时间不可能再回来，现在后悔只会耽误更多的时间，还会影响自己的情绪，情绪不好的话，自己就很难再进入状态。因此不要给自己时间后悔就是最大的成功。

（3）要保持心平气和，情绪稳定。如果不能保持情绪稳定可以做几次深呼吸，一般来说宁静的心态容易集中注意力。研究发现，当心境处于轻松和积极状态时，注意的转移、分配和稳定性也能发挥得更好。

（4）及时鼓励与刺激自己相结合。如果发现自己有了哪怕一点进步，就可以为自己所取得的进步夸奖一下自己。如果自己很浮躁，我们可以用不太好的语言自我刺激一下："你难道学好了？难道都学会了？没有？那还不马上学习，还有什么考虑其他事情的资本。"有时候自己刺激自己会取得意想不到的效果，另外自己刺激自己也不会伤自尊。当然，我们要把鼓励和刺激结合起来，不断引导自己向好的方向发展。

（5）对于没有做完的事情或没有发泄的情绪，可以在下课后找适当的时间、地点，通过适当的方式完成，以免影响自己的注意力。

第四步：坚持，形成习惯。

很多学生一开始运用的时候会觉得效果比较好，但是一段时间以后，又会回到原来的状态，于是又觉得自己还是不能集中注意力学习。其实任何习惯的养成都需要时间，都有一个过程，因此，要让学生了解到注意力的习惯是需要自己坚持一段时间的，越是在坚持的过程中，越要把注意力集中到自己做的事情上，而不是集中在自己的感受上，一段时间后，慢慢形成习惯后就应用自如了，烦恼也就随之而去了。

我们这样告诉来访者：当你发现思想开小差时，立刻把它叫回来。不必强制用个人意志的力量控制自己的注意力，有时候越是强制，越是苦恼，效果往往越差。这时候你要有意识地专注自己目前做的事，同时可以配合语言进行，开始有点困难，一旦养成习惯，反而感到集中精力干事或学习是件很愉快的事，当你有这种体会时，就说明你的注意力水平提高了。

三、应用效果研究

一年来为中学生进行心理咨询的个案中，共有注意力集中或需用到注意力集中技巧的个案105人，其中2人由于退学而没有跟踪。现统计如下。

应用效果表

<table>
<tr><th colspan="2"></th><th>效果明显</th><th>有效</th><th>前两项合计</th><th>无效</th><th>没有跟踪</th></tr>
<tr><td rowspan="3">男
（44人）</td><td>咨询两次以内</td><td>19（43.18%）</td><td>4（9.09%）</td><td>23（52.27%）</td><td></td><td></td></tr>
<tr><td>咨询三次以上</td><td>11（25%）</td><td>2（4.55%）</td><td>13（29.55%）</td><td></td><td></td></tr>
<tr><td>男生合计</td><td>30（68.18%）</td><td>6（13.64%）</td><td>36（81.82%）</td><td>7</td><td>1</td></tr>
<tr><td rowspan="3">女
（61人）</td><td>咨询两次以内</td><td>28（45.90%）</td><td>9（14.75%）</td><td>37（60.66%）</td><td></td><td></td></tr>
<tr><td>咨询三次以上</td><td>15（24.59%）</td><td>5（8.2%）</td><td>20（32.79%）</td><td></td><td></td></tr>
<tr><td>女生合计</td><td>43（70.49%）</td><td>14（22.95%）</td><td>57（93.44%）</td><td>3</td><td>1</td></tr>
<tr><td rowspan="3">合计
（105人）</td><td>咨询两次以内</td><td>47（44.76%）</td><td>13（12.38%）</td><td>60（57.14%）</td><td>10</td><td>2</td></tr>
<tr><td>咨询三次以上</td><td>26（24.76%）</td><td>7（6.67%）</td><td>33（31.43%）</td><td rowspan="2">9.42%</td><td rowspan="2">2.01%</td></tr>
<tr><td>总计</td><td>73（69.52%）</td><td>20（19.05%）</td><td>93（88.57）</td></tr>
</table>

注：1. “效果明显”表示学生能集中注意力并已经形成习惯，学习成绩大幅上升。

2. “有效”表示注意力集中的状态已好转，学习效率比过去高，成绩也有提高，但是来咨询的中学生认为并没有达到满意的目的。

3. “无效”是指没有取得效果，或当时感觉尚可，但回去后马上回到原来的状态，一直处于过去的状态中。这些同学多为多次前来而没有取得效果的。

分析：

1. 本技巧的总有效率达到88.57%。这说明本技巧还是适合中学生的。此技巧之所以成功率较高，是由于本技巧能结合焦点解决短期心理疗法和格式塔疗法的技巧，不断引导学生运用语言和动作把注意力集中到自己目前所做的事情上，这种技巧有一定的实用性和可操作性，它们为本技巧提供了理论依据，反过来，本技巧又能验证上述方法的有效性。

2. 本实验的个案中进行心理咨询两次以内就咨询成功的占57.14%，这说明本技巧具有短程的特点，也说明学生的注意力不能集中很多是由于方法或习惯的问题。他们的问题大多很单纯。他们前来咨询有时候就是仅仅想找老师倾诉一下，这时候介绍一些可操作、实用的方法效果更好。所以，这种方法对于情绪波动大、影响事件大的，就比较难。

3. 从上表可看出女生的成功率比男生的成功率要高。这是由于女生回去落实的比率比男生高，而男生虽然意志力强，但是比女生好动，或比较急躁，落实不能到位，不等效果显现就受到类似方法没用、自己还是那样等语言的暗示。

4. 对咨询失败的原因分析：除了落实不到位以外，部分学生的意志力薄弱、性格急躁、情绪不稳定、不自信、方法不恰当（如不能及时鼓励自己）、其他影响因素过多、不能长期坚持等都可能是影响咨询效果的因素。因此，我们在解决学生问题的时候要注意解决其他相关的问题，并根据其注意力不能集中的原因，和其他方法技巧结合起来分析效果会更好。

总之，中学生注意力集中技巧是短程的、有效的、可操作的，适合现在的中学生，对中学生的习惯培养、提高学习效率和成绩、完善健康的心理都具有很大作用。

辩论在心理活动课中的应用初探

菏泽市单县一中　刘冒闯

心理活动课是心理健康教育的重要途径，一般心理活动课常见的团体活动方法有讨论法、脑力激荡法、游戏法、座谈会、角色扮演等。同时，辩论作为一种活动方法，广泛应用于学校活动中。学生通过参与能有效地提升语言能力、组织能力、分析问题、解决问题的能力。另外，中学生参与辩论的积极性也很高，有能力自己收集资料，有能力组织活动，有能力提出问题、分析问题，而且有的学生提出的问题能引起人的深思，非常有意义。因此，2008年以来，我在山东省单县第一中学的心理活动课上多次引入辩论的方法开展心理健康教育工作，很多学生因此受益。本文在总结几年课程经验的基础上，对辩论法在心理活动课上的规则、实施及应用注意事项等方面做初步探讨。

辩论的界定及意义

一、辩论的界定

此处的辩论不同于日常生活中的争吵或正规的辩论比赛，这里的辩论是按照一定的规则让学生通过积极发言的方式来辨明是非，解决冲突，将模糊问题具体化，了解各种选择的利弊得失。学生通过辩论能更全面地认识问题，进而提高心理素质和解决问题的能力等。

在这种辩论中，双方都本着实事求是的原则，客观考虑双方的论点、论据，并且对自己原来观点不恰当的部分随时做出必要的调整，使自己能全面地看待问题，观点不再过于绝对，更符合事实，从而促进自己的身心发展和健康成长。

二、辩论在心理活动课中的意义

辩论的意义在于它能够使双方（甚至多方）在争论的过程中，突破自身思维和观察的局限，更好地去认识世界。辩论在教学上可达到的功能如下。

1. 辩论有利于学生更全面地了解知识、明辨是非、解决学生的现实问题。青年学生对问题的思考比较单一，易走极端，通过辩论，学生可以对自己所关心的问题获得不同的观点、看法和思路，能够更全面、客观，同时在辩论交流和老师的总结中能学习到解决问题的方法，进而可以做出正确的判断。

2. 辩论有利于促进学生心理健康水平的提高。辩论是有趣的游戏，通过游戏大家的身心得到放松，心情更愉悦，甚至相关的心理问题也会在辩论后得到解决。

3. 辩论可以促进学生获得全面成长。

（1）培养学生正确的态度。在辩论的过程当中，辩手除了提出自己的看法外，也要仔细倾听对方的观点和论证，以找出可反驳之处；另一方面也要虚心接受对方的质询或言辞攻击，可以培养倾听及容人批评的气度。

（2）培养思考及判断能力。学生们在辩论前必须学会如何去收集整理资料，学会对于各种的方案及其结果思考判断，形成自己的见解。此外，当正反双方进行辩论时，大家都会注意双方的论调、判断说辞是否合乎逻辑、证据是否可靠充实等，这可以提升学生的独立思考及判断能力。

（3）培养口语表达能力。学生一方面要整理自己的思路，另一方面要将自己的主张、想法及意见有条理地表达出来，这可培养学生的口语表达能力。

（4）培养组织、分析能力及临场反应能力。在辩论进行中，对方的任何一项论点或言辞都可能成为另一方质询的目标，如何在对方发言后，在很短的时间内，找到关键点以驳斥对方的说法，这需要迅速的洞察力、高度的组织能力、分析能力及临场反应能力。

4. 辩论可以丰富心理活动课的授课方式。我们通过探讨辩论在心理活动课中的应用，按照心理活动课的特点和要求，通过改造辩论规则，使其符合心理活动课的特点。灵活的授课方式，更能激发学生参与心理活动课的积极性，从而提升心理活动课的效果。

辩论在心理活动课上的运用

由于中学课堂时间（40～45分钟）的限制，我们必须将辩论的规则与方式重新调整，笔者曾用辩论法进行实际的课程教学，现介绍一下辩论的具体过程，供大家参考。

一、辩论前的准备

（1）题目：题目要与学生的学习、生活相关，选一些学生比较关注并适合辩论的题目。例如，中学生是否该上网、中学生适不适合交异性朋友、挫折是否有利于学生成长、好的情绪还是坏的情绪对成长更有利，中学生上学是否能带手机等。题目的选择可以先调研学生，也可以由老师根据学生的心理特点、年级的阶段特点和学生的需要确定题目。

（2）分组及人员职责：为了让每位学生都能参与辩论、集中注意力，辩论前先把学生分成四组，每组14人（每班人数一般为56人左右），一小组为正方，一小组为反方，另外两个小组为评审团。现将参加辩论的成员职责介绍如下。

教师：每次辩论前，教师要组织各组的学生确定辩论组别，根据各小组的意见确定主持人、辩手等主要成员。教师在设计辩论时，要事先对可能出现的问题和辩论内容加以考虑；辩论进行中，教师仔细观察各方人员的表现、反应和辩论内容并对重点加以记录；根据情况适时调整时间；辩论结束后，教师要对讨论的内容归纳整理，并对学生讨论而形成的观念、心得加以补充，有针对性地介绍心理技巧及针对学生的表现给予正面回馈和鼓励。

正（反）方：正反双方各选出辩手3名，负责申论、交叉质询、结辩。各推荐1名学生负责联络本组内智囊团，收集并反馈意见、心得及建议等。其余10人为智囊团，负责为辩手提供信息。

评审团：每人都要记录双方的观点及讲评。

主持人：1名（由陪审团里的成员推选）

1. 控制辩论时间与流程，使辩论顺利进行。

2. 介绍辩论题目、评审团、正反方辩手，并宣布辩论于双方讨论后2分钟开始。

3. 维持会场秩序，对于违规事项或扰乱秩序等言行提出纠正。

计时员：2名（由陪审团里的成员推选）

1. 上课前请在黑板两侧分别写上正反两方的主张。

2. 分别替正反双方计时。

（1）时间到之前15秒请响铃一声。

（2）时间到时请响铃两声。

（3）时间超过10秒制止当事人发言。

讲评员：讨论结束后，每个小组推派一名成员代表本组介绍讨论结果。正反方分别讨论各自的收获和心得；评审团的两组分别讨论正反双方辩手及智囊团的表现（主要评价优秀的方面）和本组的收获。

（三）资料的准备：教师先向全体学生介绍辩论规则、拟定好的题目、小组分工及小组内的分工情况，并请学生课后积极收集资料，在下次上课前按照座位坐好。

二、辩论程序

1. 老师介绍辩论题目、辩论分组情况、辩论主持人、辩论规则及注意事项。

老师介绍的要点见本文中的相关内容。

2. 主持人介绍正反方辩手并宣布辩论开始。辩论前准备时间2分钟。

主持人需要根据辩题和分组情况提前准备好材料。

3. 正方申论4分钟（1、2辩手按顺序轮流申论，每人2分钟）。

辩手发言开头用语一律为：大家好，我是××方的×××，我方主张……

4. 反方申论4分钟（1、2辩手按顺序轮流申论，每人2分钟）。

5. 交叉质询8分钟（前4分钟以正方质询、反方回答为主，后4分钟以反方质询、正方回答为主）。

主要看双方是否能提出有针对性的问题、促进学生思考的问题，进而引导全体学生深入思考论题，达到合理认知、促进成长的目的。

6. 正方结辩2分钟（由3辩手根据己方的论点进行结辩）。

双方结辩时语言应简明、扼要。

7. 反方结辩2分钟（由3辩手根据己方的论点进行结辩）。

8. 以小组为单位讨论3分钟（正方、反方、陪审团的两个小组共四组）。

讨论的时候要充分考虑双方论点、论据，充分吸收双方的有益部分，摒弃不利部分，使同学们通过辩论，更深刻地了解辩题，达到客观认知、体验进而调适心理的目的。

9. 四组成员根据讨论推选出一位发言人负责发言8～10分钟。每位同学不要超过2分钟。此时的发言顺序可以不分先后。

本小组的发言内容为本组的讨论结果，全体同学通过交流，进一步提升自己对相关问题的认识，更全面地认识问题，从而改变自己，促进自身成长。

10. 老师讲评5～10分钟。

教师一方面可以根据实际情况调整课堂上的时间，另一方面老师在总结的时候，要客观公正地评价、总结，同时运用心理学的知识和技术，帮助学生解决目前存在的问题或突出问题，从而达到心理健康教育的目的。

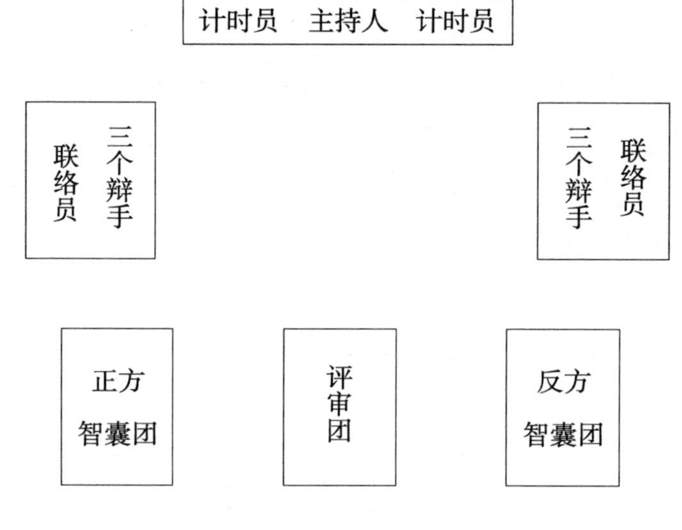

辩论中各成员位置分布图

三、参加辩论人员的注意事项

1. 辩论不是比赛，我们辩论的目的是要大家掌握更多的知识和技能，提高处理问题的能力。因此，大家在讨论前一定要站在自己的立场上进行激烈的争论，但是在讨论及讨论后的阶段就要根据辩论的情况进行客观的分析，得出客观的结论和心得。

例：在运用辩论“手机是否可以带入校园”时，有一位学生仅仅接受了带手机的好处，并把这些理由作为应对老师和家长的理由，而对带手机的坏处以及如何调节不接纳、不学习，一段时间后，成绩更差，后来又专门做心理辅导才扭转过来。因此，老师一定要在辩论最后引导学生客观地分析问题，看待问题，不可极端，不可倔强。

2. 辩论时请各方人员遵守班级纪律，不要大声喧哗，要有礼貌，要尊重对方辩友，不要随意打断别人的讲话，不得攻击他人或集体。在辩论的过程中，本组有建议或有心得的成员，可以写在纸上，由联络员随时传递给辩手参考。

3. 由于时间有限，辩论一开始时要先说明自己的观点，辩论过程中尽量不要诡辩。

诡辩会耽误很长时间，而且没有重点，学生的收获也会大受影响，要让学生了解我们辩论的目的，多收集资料，形成论点、论据，打开大家的思路，而不要诡辩。

结语

综上所述，把辩论引入心理活动课堂是科学可行的，对学生能起到相应的辅导作用。只要我们设计科学的辩论规则，并结合学科特点和辩论的最终目标，恰当运用，辩论就能够做到以学生为主体，以目标为准绳，让学生在辩论中探索学习，获得解决问题的能力、获得身心健康、获得成长。

因此，辩论作为一种心理活动方法，值得大家研究推广。

学习时间去哪儿了

菏泽市单县一中　刘冒闯

一次月考后的心理课，我发现班里好多学生内心明显躁动不安，情绪低落：一会儿东张西望，一会儿说说话，一会儿低下头看看手指。讲课的时候，我需要用很大声音或偶尔停下来，才能引起他们的注意。很显然，他们的注意力没有在课堂上，而且遇到了全班性的难题，这影响了全班的情绪。

在课堂讨论的时候，我问一个同学是什么原因。这个同学说："老师，我们班这次考得不好，我考得也很差，我们对自己的学习没有信心。"周围好几位同学也立刻点头称是，原来是这么回事儿。

我决定临时调整上课内容，把心理活动课的最后七八分钟用于解答他们当前的困扰。

我说："我现在已经知道大家为什么会是这样的状态了，我也能理解大家的心情，不过，大家知道吗，我们其实有很多时间学习，把成绩提升上去，就看大家愿意不愿意听老师讲。"

很多立刻学生抬起头来，齐声喊："愿意。"然后他们用渴望的眼神看着我。我停了一会儿，接着说道："我们为什么不把说话、叹气、抱怨、苦恼的时间用来学习呢？"很多学生愕然，有的好像很失望，有的仿佛若有所思。

我继续说："大家想想，我们有时间说话，有时间叹气，有时间抱怨，有时间苦恼，却没有想着如何把这些时间用到学习上。大家知道吗，有的同学在高中上学三年，就学习了三年，而有的学生学却只学了一年，甚至仅仅学了一个月，到最后我们的学习成绩能没有差别吗？"

上三年学却只学习一年？怎么回事？很多学生不相信自己的耳朵，仿佛我说错了。

我说："是的。假如我们一节课不知不觉耽误10分钟的学习时间，每天12节课，就是120分钟，也就是每天三节课没有学习，我们刚进入高一30天，就相当于90节课，7天多的时间被耽误了，大家看，每节课仅仅耽误10分钟，刚刚来到高一一个月，就有7天半的时间没有学习，更不用说一节课耽误更多时间、不同的学习效率等影响因素了。所以说，有的学生虽然是在学校待了三年，其实学习的时间就只有一年或一个月，长期下去，我们的成绩能没有差距吗！"学生听了惊讶得很久说不出话来。

看到很多学生后悔的表情，我知道下面该适时积极引导了："夸张点说，有的同学前半节课在走神，后半节课在后悔走神。"同学们对我这个比喻感觉很可笑，在大笑的同时又点头称是。我说："重要的不是我们过去耽误多少时间，而是过去的时间已经过去，未来我们该如何做。"

学生像惊醒似的反应过来，立刻七嘴八舌地说出很多自己耽误时间的理由和苦恼："老师，我考得差心里烦学不下去？""老师，我注意力不集中怎么办？""老师，我静不下心来怎么办？""老师，某些学科学起来太难，不会怎么办？"……

我知道，要正面回答学生提出的这些问题是不可能的，虽然他们有这样那样的抱怨，虽然每位同学都不一样，但是他们自身都有潜能，只是他们的注意力在难受、结果、烦躁、理由上而无法挖掘，他们的共同点是心里烦躁，目标没有在如何学习上。这时候我需要继续引导他们深思，让他们的心能静下来放到自己的目标上，放到怎样学习上，放到挖掘自身的潜能上。

于是，我继续反问："大家想继续沉浸在这样的状态中吗？想不想走出来？那就想想我们怎么学习，怎么把时间都用到学习上，怎么提升学习效率。当你集中注意力学习的时候，其他所有的一切烦恼都会离你远去。"

学生都在思考，我虽然不知道他们具体想的是什么，但我知道他们都在想自己下一步应该如何做。

“大家有没有信心？”“有。”伴随着下课铃声，学生的声音很大，也很远。

课堂反思：

1. 教育需要时机。很多时候我们认为学生需要教育，如果学生自己不这样认为，虽然我们的想法很好、很可行，虽然我们也是为了学生，但是效果会差强人意。恰当的时机往往会让教育事半功倍。所以，教师要控制住自己要帮助学生的心，在与学生交流时，发现学生的需要，适时、科学地进行教育教学，效果更好。

2. 提出恰当的问题，能有效地让学生反思，并挖掘学生自身的潜能。我们要相信学生自己有解决问题的能力，只是在他们遇到困难时需要我们的帮助。对于学生提出的问题，其实他们自己就知道答案，只是没有意识到。在教学活动中，特别是在学生问题多、无法一一回答的时候，由于每个人内心的想法不同，每个人的经历和需要不同，这时候我们恰当地反问，能促进每个学生反思自己的解决方法，按照自己的思路进行调整。

3. 心理课堂需要根据学生的需要进行调整。心理课堂是为教学、学生发展服务的，不是为完成课时服务的，所以，以后我们可以心理课堂上讲30分钟，将必要的内容与学生一起探讨，然后留出10分钟有针对性地解决学生的实际问题，解答学生的困惑，这样对学生的帮助更大、更有效。

高中生人格、父母教养方式与安全感的关系研究及教育对策

青岛第五十八中学　王竹燕

第一部分　问题的提出与研究思路

一、问题的提出

“有充分的安全感”是马斯洛和米特兰姆提出的心理健康标准的第一条。马斯洛还认为，安全感是决定心理健康水平的最重要因素，可以看作心理健康的同义词。安全感的问题自提出以来便受到各个心理学派的重视，其对身心健康的重要性赋予了安全感研究重大的理论和现实意义。

高中阶段又称青年初期，从十四五岁开始到十七八岁结束，由于生理心理特点及社会文化原因，某种程度上可以说这一时期是人生的一个重要的转折期。虽然没有初中阶段生理和心理上的剧变及动荡，但高中生的身心发展依然不够成熟和稳定。加上社会竞争日趋激烈，就业和升学的压力使得高中生肩负着其他人生阶段没有的重担。因此，关注转型期中的高中生群体的安全感问题显得更为迫切。哪些因素影响了高中生的安全感，怎样正确鉴别，采取针对性的教育对策，以提高高中生的安全感水平，为其健康学习、成长提供良好的心理物理环境，这是本研究的重要出发点。

家庭作为社会的基本功能单位，是个体社会化的重要场所。对于大部分家庭来说，父母的教养方式在孩子的成长过程中发挥着重要作用，也影响其人格的形成。关于家庭环境对儿童安全感的影响，国内外学者都做过

相关研究，但多停留在人口学变量或父母养育方式与总体安全感水平的关系研究上，对于具体维度上的相关有待细化深入的研究。因此，本研究在前人研究的基础上将某种教养方式对安全感的某一方面的影响做进一步分析探讨。另外，关于人格与安全感的关系问题，虽然已有研究涉猎，但仍需要进一步拓展研究。是否拥有某种人格特征的一类人更具有安全感而另一种人格特征的人安全感水平低且与前者有显著差异？这是本研究的一项重要内容。

本研究试图深入高中生群体，了解其安全感现状、影响因素及人格、父母教养方式与安全感的关系，以期为安全感的进一步研究及形成安全感水平较高的家庭环境提供实证参考。

二、研究内容与基本假设

从文献总数来看，以学生为对象的安全感研究多集中在大学生，比如大学生安全感、人际信任及其关系研究（孙群，姚本先，2009），大学生安全感与自信的关系（裴国洪，刘爱书，张若萍，2007），大学生被父母情感虐待与安全感、焦虑症状及生命意义感的关系（侯艳飞，赵静波，杨雪岭，2010）。而对中学生的研究较少，并多集中在一些特殊群体上，如初中留守儿童的安全感、行为问题及其关系研究（黄月胜，郑希付，万晓红，2010），农村留守儿童安全感发展的学校动因研究（李骊，2008）。另外，现有的安全感研究多以与外在事件、环境的关系为主，如初中生安全感与生活事件的关系探究（侯立元，2010），初中生安全感发展的家庭动因研究（杨元花，2006），对安全感的内因如人格则少有研究。鉴于以往研究的不足，在前人研究的基础上，本研究选定普通高中学生为对象，探究影响其安全感的因素及人格、父母教养方式与安全感的关系。人格变量，主要探究人格特征与安全感的关系，即是否具备某种人格特征的人更易有安全感或安全感水平更高；父母教养方式变量，主要考察父母的教养方式不同对子女安全感水平有怎样的影响，差异是否显著。

基于研究目的做出下列假设：

（1）高中生安全感受人口学变量，如性别、年级等影响且差异显著。

（2）人格特征对高中生安全感水平有显著影响，某种人格类型的群体更具有安全感。

（3）父母教养方式与高中生安全感存在明显相关，情感温暖型教养方式与安全感水平呈正相关；拒绝及过度保护型教养方式与安全感水平呈负相关。

（4）人格与父母教养方式对高中生的安全感有预测作用。

三、研究意义

1. 研究的理论意义

（1）有利于进一步拓展、深化现有的安全感研究。我国的安全感研究基本上是随着改革开放的步伐得以逐步开展的，发展相对缓慢。研究对象、研究方法、研究变量上都有很大局限，如多数研究都停留于某一变量与安全感的相关研究，而很少有三个以上变量关系的探讨。本研究的意义之一就是拓宽安全感的研究范围，为今后安全感的深入研究做出尝试。

（2）有利于建构符合我国文化背景及高中生特点的安全感发展理论。目前，国内在安全感研究领域比较薄弱，大部分的相关研究甚至测量工具都是借鉴国外有关理论和研究成果。通过大量研究建立中国特色、系统化的安全感理论，为高中生教育实践提供理论依据和策略参照势在必行。

2. 研究的现实意义

（1）学科发展的需要。相对国外而言，国内安全感领域的研究和成果较少，使得学科整体发展不平衡，拓展和深化安全感方面的研究是构建完整学科体系的现实要求。

（2）中小学生心理健康教育的需要。拥有充分的安全感是良好稳定的心理环境的基础，是否具有安全感很大程度上影响着儿童在人际交往、压力应对中的行为表现。在现今的社会转型时期，各种现实的压力问题，如升学考试、家庭破裂以及不安定因素，如校园暴力、地震海啸等，都给孩子的安全感带来威胁。如何在理解的基础上正确地疏导，教育帮助他们健康地成长，是对安全感问题的科学研究提出的要求。

第二部分　研究设计

一、研究对象

我们随机抽取了天津市实验中学高一年级六个班、高二年级六个班的学生作为被试，共发放问卷450份，回收问卷430份，回收率92.2%；有效问卷392份，有效率86.9%。样本分布见表1。

表1　被试基本信息分布情况（n=392）

	性别		年级		是否独生子女		是否单亲家庭	
	男	女	高一	高二	是	否	是	否
分布*n*（%）	177	215	178	214	321	71	21	371
	45.2	54.8	45.4	54.6	81.9	18.1	5.7	94.3

二、研究方法

1. 研究工具

（1）安全感量表（SQ）

该量表是由丛中、安莉娟等人编制的，经过严格的项目筛选、测试、修订，最终量表具备了较高的信效度。量表一共16个项目，分为两个因子。因子1：人际安全感，包括8个项目，主要反映个体对于人际交往过程中的安全体验。因子2：确定控制感，也包括8个项目，主要反映个体对于生活的预测和确定感。测试分为A（非常符合）、B（基本符合）、C（中性或不确定）、D（基本不符合）、E（非常不符合）五个等级，分别记1、2、3、4、5分。得分越高，安全感越强。

量表在高中生被试中进行信效度检验，获得同质性信度分别为，人际安全因子α=0.73，确定控制因子α=0.78，总体安全感α=0.84；人际安全因子和确定控制因子与安全感总分的相关在0.85以上，这表明该量表有较好的内容效度。另外，量表在高中生和神经症患者身上测验分数差异显著，表明其有较好的实证效度。

（2）简式父母教养方式问卷中文版（s-EMBU-C）

由蒋奖、鲁峥嵘等人（2010）修订。问卷分为父亲和母亲两项调查，均为21个题，各三个维度，分别是拒绝6项，情感温暖7项，过度保护8项。采用4点评分，1表示“从不”，4表示“总是”。

对问卷进行信效度检验，发现α系数为0.74～0.84，分半信度为0.73～0.74，10周后的重测信度为0.7～0.81。对效标效度的相关分析表明，s-EMBU-C与EMBU中文版相应维度的相关显著：二者父亲版拒绝、情感温暖和过度保护三个维度上的相关分别为0.82，0.92和0.89，母亲版三个维度的相关分别为：0.9，0.93和0.91。量表的信效度都达到科学测量的标准。

（3）艾森克人格问卷简式量表中国版（EPQ-RSC）

该问卷由钱铭怡、武国城、朱荣春、张莘（2010）修订。修订后的量表包括48分项目，由P（精神质）、E（外倾性）、N（神经质）、L（掩饰性）四个分量表组成，每个量表12道题。要求被试以“是”或“否”作答，各分量表的得分为该量表内所有题项的平均分，范围在1至12之间。简版EPQ人格问卷施测方便，有较好的信效度。

相隔3周的重测信度分别为：P量表0.67， E量表0.88，N量表0.8，L量表0.78（所有$p<0.001$）。每个分量表的奇偶分半信度和内部一致性信度，除P量表的信度为0.51～0.6以外，其余量表的信度均大于0.7，说明问卷的稳定性较高。

将神经症患者与正常人的得分比较，两样本在E、N和L分量表上的差异均达到显著水平（$p<0.01$），尤其是N量表得分，以上说明问卷具备较好的分辨能力。

2. 施测步骤

由经过指导培训的班主任担当主试，采用团体测试方式，上课5分钟后开始发放问卷以保证学生能有较好的精神和体能状态。作答前，班主任阅读统一指导语，告知保密原则，确保每个同学都理解问卷填写要求。测试时间15分钟，结束后问卷当堂收回。

3. 数据处理

采用SPSS11.5 for windows统计软件对结果进行统计分析。

三、研究结果

1. 高中生安全感现状

表2 高中生安全感的一般状况

	M	SD	项目数	项目均分
总体安全感	58.707 4	13.363 32	16	3.669 2
人际安全感	30.941 5	3.439 95	8	3.867 7
确定控制感	27.766 0	3.632 68	8	3.470 7

安全感量表采用5点计分法，理论均值为3，单个项目平均值大于3，说明高中生安全感总体水平较高，其中人际安全感更高于确定控制感。

2. 高中生安全感在人口学变量上的差异检验

（1）高中生安全感的性别差异

表3 不同性别高中生安全感水平的差异

	性别			
	男（169）M ± SD	女（207） M ± SD	t	p
总体安全感	59.005 9 ± 10.327 67	58.463 8 ± 10.556 25	0.500	0.617
人际安全感	31.059 2 ± 5.037 60	30.845 4 ± 5.313 04	0.397	0.691
确定控制感	27.946 7 ± 6.147 26	27.618 4 ± 6.207 12	0.513	0.609

注：$^{**}p<0.01$；$^{*}p<0.05$

表3显示高中生的安全感不存在显著的性别差异。

（2）高中生安全感的年级差异

表4　不同年级高中生安全感水平的差异

年级				
	高一（178）M ± SD	高二（198）M ± SD	t	p
总体安全感	58.011 2 ± 10.684 48	59.333 3 ± 10.208 98	−1.226	0.221
人际安全感	30.488 8 ± 5.298 16	31.348 5 ± 5.060 52	−1.609	0.109
确定控制感	27.522 5 ± 6.371 91	27.984 8 ± 5.998 71	−0.725	0.469

注：$^{**}p<0.01$；$^{*}p<0.05$

表4显示，高中生安全感水平年级差异不显著。

（3）高中生安全感在家庭结构上的差异

① 在是否单亲因子上的差异。

表5　是否单亲的高中生安全感水平的差异

是否单亲				
	是（M ± SD）	否（M ± SD）	t	p
总体安全感	60.761 9 ± 8.999 47	58.585 9 ± 10.521 45	0.928	0.354
人际安全感	31.333 3 ± 5.341 66	30.918 3 ± 5.182 72	1.271	0.722
确定控制感	29.428 6 ± 4.770 44	27.667 6 ± 6.238 84	0.928	0.205

注：$^{**}p<0.01$；$^{*}p<0.05$

表5的数据分析表明，在是否单亲这一因子上，高中生的安全感水平不存在显著差异。

② 在是否独生子女因子上的差异。

表6　是否独生子女的高中生安全感水平的差异

是否独生子女				
	是（M ± SD）	否（M ± SD）	t	p
总体安全感	58.825 2 ± 10.256 54	58.164 2 ± 11.333 24	0.469	0.639
人际安全感	30.928 8 ± 5.161 81	31.000 0 ± 5.331 44	−0.102	0.919
确定控制感	27.896 4 ± 6.147 26	27.164 2 ± 6.776 96	0.880	0.380

注：$^{**}p<0.01$；$^{*}p<0.05$

表6的数据分析结果显示，在是否单亲这一因子上，高中学生的安全感水平不存在显著差异。

3. 高中生安全感、人格特征与父母教养方式三者之间的相关研究

（1）高中生安全感与人格特征之间的相关

表7　高中生安全感与人格特征之间的相关研究

	总体安全感	人际安全感	确定控制感	精神质	外倾性	神经质
总体安全感	1					
人际安全感	0.903**	1				
确定控制感	0.933**	0.688**	1			
精神质	−0.019	−0.057	0.016	1		
外倾性	0.568**	0.630**	0.432**	−0.145**	1	
神经质	−0.672**	−0.539**	−0.683**	0.020	−0.414**	1

注：** p<0.01；* p <0.05

表7表明，高中生安全感与人格特征之间存在密切关系。其中，总体安全感及各维度与精神质因子呈负相关，但相关未达到显著；与外倾性因子呈显著的正相关（p<0.01）；与神经质因子呈显著的负相关（p<0.01）。

（2）高中生安全感与父母教养方式之间的相关

表8　高中生安全感与父母教养方式之间的相关研究

	总体安全感	人际安全感	确定控制感	拒绝型	情感温暖型	过度保护型
总体安全感	1					
人际安全感	0.903**	1				
确定控制感	0.933**	0.688**	1			
拒绝型	−0.318**	−0.287**	−0.298**	1		
情感温暖型	0.357**	0.414**	0.257**	−0.466**	1	
过度保护型	−0.248**	−0.301**	−0.302**	0.530**	−0.167**	1

注：** p<0.01；* p<0.05

表8显示，高中生总体安全感及安全感各维度与父母教养方式各因子呈显著相关。其中，父母采用拒绝的教养方式与子女的安全感呈显著的负相关（$p<0.01$）；父母采用情感温暖的教养方式与子女的安全感呈显著的正相关（$p<0.01$）；而父母采用过度保护的教养方式与子女的安全感呈显著的负相关（$p<0.01$）。

（3）高中生人格特征与父母教养方式之间的相关

表9　高中生人格特征与父母教养方式之间的相关研究

	精神质	外倾性	神经质	拒绝型	情感温暖型	过度保护型
精神质	1					
外倾性	−0.145**	1				
神经质	0.020	−0.414**	1			
拒绝型	0.266**	−0.254**	138**	1		
情感温暖型	−0.218**	0.414**	−0.142**	−0.466**	1	
过度保护型	0.299**	−0.123*	0.155**	0.530**	−0.167**	1

注：**$p<0.01$；*$p<0.05$

表9显示，高中生人格特征与父母教养方式之间存在显著相关。首先，父母采用拒绝和过度保护的教养方式，其子女的精神质因子得分较高，两者呈显著的正相关，外倾性因子得分较低，两者呈显著的负相关，神经质因子得分较高，两者也呈显著正相关（$p<0.01$，$p<0.05$）；其次，父母采用情感温暖的教养方式，其子女的精神质因子得分较低，两者呈显著的负相关，外倾性因子得分较高，两者呈显著的正相关，而神经质因子得分较低，两者也呈显著的负相关（$p<0.01$）。

4. 高中生人格、父母教养方式与安全感之间的回归分析

由前面的相关分析表明：人格特征、父母教养方式各维度与安全感存在着不同程度的相关。为了进一步探寻人格特征和父母教养方式对安全感的预测作用，本研究以高中生人格、父母教养方式为自变量，以安全感为

因变量，进行多元逐步回归，研究结果如下。

（1）以人格为自变量、总体安全感为因变量的回归分析

表10　高中生人格对安全感的回归分析

Model	R	R^2	ΔR^2	F	Beta
神经质	0.630	0.451	0.451	306.324***	−0.527
外倾性	0.743	0.522	0.101	229.380***	0.350

注：***p<0.001；**p<0.01；*p< 0.05

表10说明，在人格预测变量预测效标变量（安全感）时，进入回归方程的显著变量共有2个，分别是神经质和外倾性，多元相关系数为0.743，其联合解释变异量为0.522，即2个变量能联合预测安全感52.2%的变异量。

就个别变量的解释量来看，最先进入回归模型的是神经质，说明其对安全感的预测力最佳，其解释量为45.1%，其次为外倾性，解释量为10.1%。另外，从标准化回归系数分值上我们可以看出，神经质对高中生安全感具有负向预测作用，而外倾性则有正向预测作用。

标准化回归方程式为：安全感=−0.527×神经质+0.350×外倾性

（2）以父母教养方式为自变量、总体安全感为因变量的回归分析

表11　高中生父母教养方式对安全感的回归分析

Model	R	R^2	ΔR^2	F	Beta
父亲情感温暖	0.412	0.169	0.169	72.230***	0.377
母亲过度保护	0.457	0.209	0.039	47.239***	−0.201

注：***p<0.001；**p<0.01；*p<0.05

表11说明，以父母教养方式作预测变量预测效标变量（安全感）时，进入回归方程的显著变量有2个，分别是父亲情感温暖和母亲过度保护，多元相关系数为0.457，其联合解释变异量为0.209，即2个变量能联合预测安全感20.9%的变异量。

就个别变量的解释量来看，最先进入回归模型的是父亲情感温暖型的教养方式，说明其对安全感的预测力最佳，其解释量为16.9%，其次为母

亲过度保护的教养方式，解释量为3.9%。另外，从标准化回归系数分值上我们可以看出，父亲情感温暖型教养方式对高中生安全感具有正向预测作用，而母亲过度保护教养方式则有负向预测作用。

标准化回归方程式为：安全感=0.377×父亲情感温暖−0.201×母亲过度保护

（3）以人格、父母教养方式为自变量，安全感为因变量的回归分析

表12　高中生人格、父母教养方式对安全感的回归分析

Model	R	R^2	ΔR^2	F	Beta
神经质	0.677	0.458	0.458	302.400***	−0.500
外倾性	0.746	0.557	0.099	224.250***	0.310
母亲情感温暖	0.754	0.569	0.012	156.608	0.111
父亲过度保护	0.760	0.577	0.008	121.260	−0.095

注：***$p<0.001$；**$p<0.01$；*$p<0.05$

将人格变量的3个维度和父母教养方式的6个变量同时带入做多元回归分析，最先进入回归模型的是神经质，其解释率为45.8%；其次为外倾性，解释率为9.9%，然后是母亲情感温暖型教养方式，贡献率为1.2%；最后进入模型的是父亲过度保护的教养方式，贡献率为0.8%。这4个变量的多元相关系数为0.760，其联合解释变异量为0.577。其中，对高中生安全感的预测力顺序，由大到小分别是：神经质、外倾性、母亲情感温暖、父亲过度保护。据此，人格对安全感的预测作用比父母教养方式更大。

标准化回归方程式为：安全感=−0.500×神经质+0.310×外倾性+0.111×母亲情感温暖−0.095×父亲过度保护

第三部分　讨论与分析

一、高中生安全感的现状

研究得出高中生安全感处于中等偏上水平，总体安全感、人际安全感

以及确定控制感的项目平均值都高于理论均值3。测试结果与研究设想的一样，现在家庭中独生子女居多，父母和其他亲人大都能给予较多的爱和关注。另外，高中生正处在学业压力较大、生理心理向成熟过渡但还不稳定的阶段，家长和老师会有意或无意地在生活及其他方面给予更多的照顾、理解和支持，这也是结果得出高中生安全感水平高的重要原因。在安全感的两个维度上，高中生的人际安全感水平高于确定控制感，后者主要指对生活、自己在未来可能出现的情况的担心或确定程度。因为高中生尚处于人生阶段的早期，而且活动范围主要在学校中，人生经验及社会阅历很少，所以对自己和外面世界的把握、确信水平低也是正常的，随着生活经历的增加，自我实现的满足，自信心的增加，确定控制感水平也会逐渐增加的。

二、 高中生安全感在性别、年级、家庭结构上的差异

研究结果显示，高中生的安全感在性别和年级上不存在显著差异。首先，在性别上没有差异与现代社会和家庭对男女观念的改变、男女平等的提倡是一致的，男孩和女孩在家庭、学校、社会中感受到同样的关爱、保护；此外，女孩在学业成绩、生活工作、各种活动比赛中表现得同样出色甚至更好，这些都增加了她们的自信心，使得以往女孩安全感水平低的情况发生了改变。其次，本研究在高一年级和高二年级的测试结果中未发现其安全感水平存在显著差异，经调查分析原因有以下几点：① 家庭和学校为大部分的孩子创造了良好的生活学习环境，使得高中生安全感总体水平较高。② 高一学生，学业压力较小，学科课程与活动课程开设合理、相辅相成，但是存在初高中转折、适应困难的一些问题。③ 高二学生基本已不存在调整适应问题，但是学习压力要大一些。④ 综合前两点，高一、高二学生各有优势和不足，以致最终的安全感水平上没有表现出显著差异。

单亲家庭与非单亲家庭子女的安全感水平没有差异，这与起初的研究

设想不同。这可能是由于，在单亲家庭中，因为父母中一方爱的缺失，另一方及相关抚养者会有意给孩子更多的爱，更注意对孩子的教养方式；也有可能是受到样本分布的影响，取样中单亲家庭所占比例较小，不具有代表性，准确的定论有待于进一步研究。

三、 高中生安全感、人格特征与父母教养方式的相关和回归分析

1. 高中生安全感与人格特征的关系

由表7可以看出，高中生安全感与人格特征中的精神质呈负相关，但相关不显著；与外倾性因子呈显著的正相关，相关系数超过0.5，进一步的回归分析表明外倾性对安全感有直接的预测作用。分数越高，即越外向的人，安全感水平越高，这与以往的研究结果是一致的。原因可能是，外向性格的人具有好交际、渴望刺激和冒险等特点，这使得他们的人际交往范围和程度相对较大，生活经历比较丰富，更多地与别人合作、分享，也能较有效地从他人那里感受到关爱和帮助，相应的人际安全感和确定控制感水平也较高。而神经质因子与安全感水平之间存在显著的负相关，相关系数超过-0.5，并且在多元逐步回归中首先进入回归模型，说明它对安全感的预测力最佳，这也再次验证了先前的研究结论。本研究认为，神经质分数高，说明被试容易感到焦虑、担忧，遇到刺激易产生强烈的情绪反应，心态不稳定。在与人相处时，往往会因一些小事耿耿于怀，常常冲动或者出现不够理智的行为，难于维持良好的人际关系，因此安全感水平较低。

2. 高中生安全感与父母教养方式之间的关系

研究结果表明，父母采用拒绝或过度保护的教养方式与子女的安全感呈显著的负相关（$p<0.01$）。在进一步的回归分析中，父母过度保护自变量均分别进入回归模型中，对安全感有负向预测作用。造成这一结果的原因可能是，父母经常否认孩子的观点和做法，在各方面都有严格的限制和要求，影响了孩子自信心的建立；或者父母对孩子采取放纵不管不问的

方式，没有与孩子建立起亲密的互动关系，使孩子在对父母的信任依靠上有缺失，从而导致了其安全感水平较低。同样，如果父母对子女过分保护，为其预备好一切，孩子的独立性难以得到发展，很少有机会去体验挑战困难和战胜困难的成就感，也会使他们对潜在的危险或困难感到害怕，与人相处的时候四处碰壁，相应的确定控制感、人际安全感水平较低。与之相反，父母采用情感温暖的教养方式与子女的安全感呈显著的正相关（$p<0.01$），多元回归分析也显示父母以情感温暖为主的教养方式对子女的安全感水平有正向的预测作用，而这一研究结果与现实的大部分情况相吻合。如果父母常常鼓励、赞美孩子，孩子就容易慢慢建立起积极的自我评价，相信自己可以做好一些事，解决一些问题；孩子和父母间是一种民主互动、温暖亲密的关系，这种相处方式和情感体验又会迁移到其他的方面，使他们在自我发展和与人相处上能产生高水平的安全感。

3. 高中生人格特征与父母教养方式之间的关系

高中生人格特征与父母教养方式之间存在显著相关。首先，父母采用拒绝或过度保护的教养方式，其子女的精神质因子得分较高，两者呈显著的正相关；外倾性因子得分较低，两者呈显著的负相关；神经质因子得分较高，两者也呈显著的正相关。很多研究都表明，人格的形成受到内外因素的共同影响，家庭环境的影响不言而喻，其中父母教养方式发挥了最直接的作用。经常受到过分管制、常常被否定或忽视的孩子，因为自我防御机制很容易将自己封闭起来，表现出孤独、不关心他人、难以适应外部环境、人际关系不良的倾向，自然其安全感水平较低；同样，受到过度保护、过度溺爱的孩子，对外面的世界充满了恐惧和担心，心理承受能力较差，比较自我，因害怕失败或受伤，也易于采取回避、自我中心的交往方式，常出现适应不良的问题，形成内向、易激动、情绪不稳定等性格特征。与上述两种方式不同，父母以情感温暖方式为主时，孩子的精神质和神经质得分都较低，外倾性分数较高，相关显著。父母以鼓励、赞美等方式给孩子的成长营造了一个宽容、轻松的气氛，孩子敢于说话，提出自己的想法，乐于积极和父母交流，寻求有效帮助，这对孩子形成外向、乐群的性格特征，适应外部环境，发展和谐的人际关系有重要的促进作用。

第四部分　教育对策

一、开展安全感教育课程

将安全感的主题纳入学校心理健康教育课程之中，根据学校的具体情况和条件，可以开设为必修课，或以选修课、校本课程的形式试运行。具体模式可以是团体辅导课或活动课等。

安全感教育课的中心是体验，通过对人、对社会、对事物的知识的科学认识，修正或重新获得安全体验；通过一些活动，如小组表演、心理剧等增强彼此间的信任、交流，体会集体的力量、他人的帮助和友好。这些都需要心理老师精心地设计教学过程以及准确适宜地进行指导。

二、父母教养方式培训

研究发现，父母的教养方式对孩子的成长特别是人格的形成有着重要的影响，同时，本研究证实父母教养方式与高中生安全感之间存在显著相关。既然如此，孩子身心的健康成长就要求父母合理的教养方式。

在本研究中将父母教养方式分为三种，分别是：拒绝型教养方式、情感温暖型教养方式和过度保护型教养方式。统计分析表明，情感温暖型的教养方式下，孩子的安全感水平更高。因此，帮助父母建立起情感温暖型为主、因人而异的教养方式，需要父母、社会共同的努力。在此，提出以下一些建议作为参考。

（1）举办政府支持的、父母积极参与的公益性父母教育培训。政府聘请一些教育、心理专家，以区为单位，采用定期循环的方式，开展父母教育知识讲座和技术辅导，并就当前阶段具体问题提出方法和建议。教育培训现场，专家和父母之间积极互动，回答个别教育案例问题，在有条件的情况下邀请一些父母做角色扮演等活动，增强其体验和感受。

（2）开展父母教育网络课堂，开通亲子问题专家热线。由市政府或下属教育行政单位支持开办服务家庭教育的网站，而不是一些私营机构的商业化或个人网站。保障网站服务的公益性、专业性、长久性和完善性。开通亲子问题专家热线，由心理学者、教育学者或受过专门培训的专业人士组成热线咨询人员，为市民提供每天18小时的亲子教育问题服务，使广大父母在现实生活中遇到的具体问题能得到及时的、方便的、有效的帮助。

（3）建立社区父母教育咨询站。其类似于社区医疗站、居民委员会，但需要专职的心理学、教育学专业人员。这是一种高效、灵活的方式，而且不受时间、空间的限制，评估有益的情况下还可以亲子同时咨询。

（4）大学生的家庭教育课程。对有文化、有知识、未来要成为父母的大学生群体开设相关的教育辅导课程，如同岗前培训一样是必要的。通过对儿童特点、教育知识的理解，使他们能够提前思考和预备，为将来能科学、正确地教育孩子奠定基础。

三、 家校联合模式教育

主要针对当前的中小学教育，将家庭元素和学校元素的教育优势有机结合起来。学校为促进家长与孩子进一步的理解和沟通提供平台，比如，不定期地开展以班级或学校为单位，以父母和孩子关系为主题的活动，让孩子和父母在科学思想的指导下共同经历与感受；通过班主任家访、家长校访相互补充对孩子的认识，掌握全面信息，以更好地引导和帮助孩子的成长。

第五部分　创新之处与研究展望

一、研究创新

在安全感的研究方面，对高中生群体的研究相对较少，如高中生的安全感及其相关因素（安莉娟，丛中，王欣，2004），高中生安全感量表的信度、效度检验与常模初步建立（安莉娟，杨美荣，2010），本研究在前人研究基础上以高中生为对象，进一步拓展安全感研究的广度。

此外，现有成果中多以研究安全感现状和影响因素为主，且主要是两两变量的相关研究，本研究将人格、父母教养方式和安全感放在一起，探讨三个变量之间的关系，对看似密切相关的变量以科学的方法做出数据实证，以期为安全感的具体深化研究迈出有效的一步。

二、研究展望

（1）在被试取样上，由于各种条件的限制，本研究仅选取天津市某高中学校学生作为被试，样本的代表性尚欠缺，也影响了结果的适用度和推广度。

（2）在变量纳入方面，影响安全感的变量很多，本研究主要选取了人格和父母教养方式作为自变量，未来可以考虑其他变量的进一步研究，如对自我效能、社会支持、父母人格特征等做更深入的研究。

（3）在研究方法上，主要采用问卷调查、团体施测的方式收集数据，虽简洁省力，但在资料收集的有效性及全面性上仍存在局限，今后可结合访谈法、个案研究法甚至实验的方法对安全感的影响机制做进一步探讨。

参考文献：

[1]〔美〕阿瑟·S·雷伯. 心理学辞典[M]. 李伯黍，等，译. 上海：上海

译文出版社，1996：765.

［2］安莉娟，丛中. 安全感量表的初步编制及信度、效度检验［J］. 中国心理卫生杂志，2004，18（2）：97-99.

［3］安莉娟，丛中. 安全感研究述评［J］. 中国行为医学科学，2003，12（6）：698-699.

［4］安莉娟，丛中，王欣. 高中生的安全感及其相关因素［J］. 中国心理卫生杂志，2004，18（10）：717-722.

［5］安莉娟，杨美荣. 高中生安全感量表的信度、效度检验与常模初步建立［J］. 中国健康心理学杂志，2010，18（1）：76-77.

［6］黄希庭. 简明心理学辞典［M］. 合肥：安徽人民出版社，2004：528.

［7］蒋奖，鲁峥嵘，蒋苾菁，许燕. 简式父母教养方式问卷中文版的初步修订［J］. 心理发展与教育，2010（1）：94-99.

［8］林崇德. 发展心理学［M］. 北京：人民教育出版社，2008：35.

高中生早恋问题研究及其教育对策

青岛第五十八中学　王竹燕

我们的社会发展迅速，我们的时代自由开放，在这个快节奏、多元化时空中成长起来的孩子们，面对外界压力和个体成长需求表现出许多忙乱与困惑，生理、心理的自然成熟和社会文化价值观的共同作用使得恋爱问题成为中学生面临的重要困惑。在学校工作的过程中，不少班主任因为班上学生谈恋爱而头疼，来到我们咨询室的学生90%以上都谈到感情问题，这些都让我感受到正视学生恋爱问题，关注恋爱背后孩子的成长需要，给予学生正确的爱情知识和恋爱辅导是十分必要的。

一、研究内容

为了从总体上了解高中生的恋爱状况，笔者查阅了大量文献，以下是2001～2010年国内不同地区高中的调查结果：

2001年，浙江嘉兴市高中，正在谈或有恋爱经历的占5%；

2004年，山东招远市高中，正在谈或有恋爱经历的占6.9%；

2005年，四川宜宾市高中，谈恋爱的男生占27.83%，女生占18.08%；上海市高中的这一比例为27.8%；

2009年，对黑龙江黑河市与江西南昌市2所高中的1187人进行调查，恋爱学生比例为34.3%；

2010年，广东佛山市高中的这一调查结果为28.7%。

另外，总体上男生恋爱比例高；三个年级中高二比例最大。

在参考了相关资料和量表后，我们采取自编问卷的方式对我校高一、高二的8个班级进行了调查，为了保证问卷的有效回收率，避免调查过程中学生过多的讨论，心理教研组的老师们逐个班级分发，逐人回收，并使用统计软件对搜集数据进行分析。

根据问卷问题，我校基础年级学生恋爱状况如下：

1. 我至今从未有过恋爱的想法和愿望。选“否”的占70.2%。

2. 高中期间有过恋爱的想法，但未付诸行动。选“是”的占39%。

3. 正在谈恋爱中，并能够处理好学习和恋爱的关系。选“是”的占14.7%。

4. 正在恋爱中，有些沉迷其中，影响了学习、生活和自我发展。选“是”的占3.1%。

5. 没有谈恋爱，但为与恋爱、感情有关的事苦恼，需要有人给予指导。选“是”的占23.6%。

结合问卷调查与访谈得出以下结论：

1. 当前有严重恋爱问题的学生比例并不高，但是恋爱问题已经具有潜在普遍性。

2. 受时代因素和社会文化影响，呈现低龄化和逐渐增多的趋势。

3. 谈恋爱并非是影响学习、成长的直接原因，更不是根本原因，那么我们需要干预的就是恋爱和结果的中间因素。

二、从哪些方面理解高中生谈恋爱这件事

1. 高中生的特点

我们知道，初中学生已经进入严格意义上的青春期，青春期被称作一段“暴风骤雨期”，这期间的青少年从生理到心理都发生着一系列急剧的变化，与恋爱有关的因素包括第二性征的发展成熟，如明显的性意识、对异性的好奇心理以及强烈的成人感和独立意识。也就是说，处于15～19周岁的高中学生已经完全具备恋爱的生理基础。

另外一个重要因素就是大众媒体的传播，与爱情和性有关的电影、图片、新闻、杂志充斥在社会的各个角落，不保守地说，这个年龄段的学生都主动或被动地了解了相关的知识、信息。从生理基础和社会文化背景来看，高中生恋爱不能称之为早恋。所以有的老师或者家长认为孩子“居然谈恋爱”或者“我的孩子不可能谈恋爱”，这样的想法带有很大的主观偏见性，承认这个年龄段学生可能会谈恋爱、存在恋爱问题的事实是必要的，理解高中学生谈恋爱有合理的一面能够帮助我们更好地理解学生，做好学生工作。在这里有一句话和老师们分享：理解是交流的基础，接纳是改变的前提。

而我们之所以还称其为早恋是从个体发展与社会心理的角度提出来的，下面我们通过对高中生恋爱的性质类型、原因分析等几个方面的探讨，以期从心理学的角度寻求解决恋爱问题的新途径。

2. 高中生恋爱的性质

高中生的恋爱事实上并不符合成人恋爱的定义，它是这个年龄段和学龄段的特殊产物，很多被称为“谈恋爱”的情况在性质和内容上也是参差不齐的。一部分学生的恋爱与成人式恋爱相似；一部分学生是自己以为或被别人以为在谈恋爱，实际上是混淆了正常的异性交往，属于人际交往问题；还有相当一部分学生，恋爱是他们转化学习、家庭、社会压力的一种方式，也就是说恋爱只是一种表象，背后有其无所适从、真正需要老师和家长关注的问题，这是我们干预恋爱问题的关键所在。所以，区分真谈恋爱、假谈恋爱，以恋爱问题对待恋爱问题，不要以恋爱问题的态度对待非恋爱问题是我们的第一项工作。

3. 高中生恋爱的原因

我们通过划分类型的方式了解高中生谈恋爱的原因：

（1）面子型。此心理类型男生居多，觉得有个女朋友/男朋友很时尚，为赶潮流，吸引别人注意去谈恋爱。这种学生的特点是虚荣心、自尊心较强，可能以前是很优秀的学生，一直处于中心或焦点的位置，来到高中后优秀的人很多，自己没有办法在成绩上获得关注，恋爱就是一种吸引老师和同学注意的事情，如果没有恋爱的事，他可能通过其他方式表达这种需求，如打架、闹事、违反纪律等。对待这一倾向的学生可采取“委以重任”的方式，在有一定了解的基础上让他负责班上的某一职务，因为这些学生往往情商比较高，好出头，有组织号召的能力，在责任的驱动下可以将这股能量实现正向转化。

（2）玩乐型。认为谈恋爱是一件有意思的事，带着好奇心和玩的心理去谈恋爱，这种情况也是男生居多。这些学生从觉得学习很枯燥、无聊开始去谈恋爱，恋爱的新奇感和神秘感对他们有极大吸引力，也正因为如此，他们将是班会上恋爱知识普及的最大受益者。当老师提前将正确的恋爱、感情知识以自然而然的态度传递给学生时，便产生了去“神秘感”的独特效力，这也是解决由好奇心引发的问题的最好方式。我提倡学生从老师或家长口中获知关于恋爱情感方面的信息，而不是让网络和其他“旁门左道”成为孩子们的性启蒙老师。另外，从学习的角度讲，这一类学生存在学习动力不足的问题，要么目标太低不知道学习有什么意义，要么目标太高，没有实现的可能，总之，缺乏正确的自我认识与评估，老师可以此为切入点采取针对性措施。

（3）缺失型。主要是成长过程中父爱和母爱的缺位，恋爱问题只是一个方面，其往往存在着普遍的人际交往问题。这种早恋中女孩的比例较大，成绩好、严重的恋爱问题、不好相处集中在一个学生身上，可能是最令班主任头疼的。面对这样的学生，强硬的方式绝对是适得其反的，通知家长去解决也不会有好结果，因为家庭本身就是其问题的根源。如果用一句话去形容这类学生，那就是“非常需要爱，很没有安全感”，因此，“爱”是打开其心扉的金钥匙，以爱替爱，用爱补爱，当其切实感受到你的爱时，你的引导和教育才能进入其内心，这之前需要很多的时间，需要耐心。

（4）挽救型。顾名思义，非常优秀的学生和差生谈恋爱，让人觉得不可思议的不般配，一般情况下学习好的是女生，差的是男生，这种情况中女生的基本出发点就是帮助男生，而且她觉得这个男生人不差，大家并不了解他；男生非常欣赏和尊重这个女生，不听父母、老师的话却听她的话，甚至愿意为她去学习，去好好表现。也就是说他们的恋爱关系存在正向意义，如果师长以耽误学习、影响前途之类的话去拆散他们是站不住脚的。所以，理解他们的恋爱心理，借用其中的积极面来引导是处理这类恋爱问题的途径。比如，可以对该男生这样说："我听说你喜欢×××，很有眼光啊，老师希望你们最终能幸福地在一起。（停顿，语重心长）但是客观地说你们之间的成绩差异很大，如果这样下去你们以后肯定不能上同一所大学，到时候距离就是一个问题，想要在一起的话你就得努力。" 对女生也说类似的话，"好好帮助他，幸福需要努力争取，这是很真实的问题"。我们不要指望一次谈话就能解决所有问题，只要这次谈话对学生有启发就有意义。其实，到了大学以后，随着阅历的增多、心智的成熟，他们的想法和感受都会发生变化，对恋爱和婚姻会有新的认识，时间自然会帮助我们做好后续工作。

（5）理智型。基本能够把握学习和恋爱的平衡，两个人学习都不错或者在健康的恋爱关系上互相帮助、学习越来越进步。这样的例子在与班主任交流的过程中也听到过，但比例很低。对理智型的学生完全可以讲道理，以成人的方式谈人生，在理想的蓝图上碰撞，相信恰当的引导和信任能带领他们把握好自己的人生。

4. 易恋爱的群体

在对大量案例分析研究之后，发现容易出现早恋问题的群体往往具有某些共同特征，现将高中校园易恋爱群体做一个大致总结，供教育管理者们参考，对他们多一点关注：

（1）单亲家庭，特别是父母中异性的缺失；

（2）隔代教养的家庭，也就是由爷爷奶奶或姥爷姥姥带大的孩子；

（3）问题家庭，即父母关系不和，经常吵架，夫妻感情淡漠，孩子对安全感以及爱的需求在家庭中没有得到满足；

（4）物质化家庭，父母为了家庭经济四处打拼，奔波忙碌，没时间陪伴，忽视孩子在情感和心理上的需要，这样的孩子很容易故意通过其他方式寻求关注；

（5）学生干部和艺术生，相比其他学生，他们属于特殊群体，某些方面突出，出镜率高，拥有自己的小团体，除了“被恋爱”还容易发生“内部恋”。

三、 遇到谈恋爱学生，你该怎么办

前面我们对高中生的恋爱特点与类型进行了归纳分析，在此基础上结合多年心理咨询经验提出关于学生恋爱问题的一些应对策略，希望能在教育实践中得以完善运用。

（1）态度。老师对待恋爱问题的态度以及在与学生谈话中表现出来的态度，对能否成功、有效解决恋爱问题有至关重要的作用。应以理解和接纳的态度开始你们的谈话，注意口气、目光、表情等非言语信息的传递。

（2）调查研究。了解谈话对象的背景，对其恋爱的原因、现状有基本的把握和预测，为了有效地谈话去查相关的资料，做好准备性工作。

（3）评估。除了客观了解，与当事人直接对话和了解具体信息是非常重要的，在交谈中对其恋爱原因、恋爱类型做一个基本评估，便于更有针对性地处理。

（4）发展与家长合作的新模式。在学生恋爱问题上，老师很容易与家长统一战线共同打压制止学生恋爱行为，这种传统家校合作模式处理结果不佳，而且对学生心理伤害较大，而且家庭本身可能是学生早恋的根本原因，这样的时候需要和学生站在一起。

（5）做好预防性工作。恋爱问题不是学校教育教学工作的主流，作为心理老师我们主张“不宣扬不回避”的教育原则。可以利用班会课、班级活动课、心理讲座、德育论坛等多种形式传递恋爱价值观、青春期知识以及异性交往的教育内容，让学生对这些人生发展知识有科学认识，学会自我控制，学会自主选择。

（6）转介。因为家长和班主任与学生存在多种角色关系，与学生交流中可能存在隐性障碍，可以引导学生找心理老师咨询交流。如何引导学生去找心理老师，为学生创造一个放松的心理氛围，需要班主任任课老师们掌握一定的转介技巧。

总而言之，恋爱问题有过程性，其基本涵盖域是从初中到大学，我们不可能全程性解决，但我们必须做好阶段性工作。作为老师，教书育人是我们的职责，希望从我们的学生不仅拥有丰富的知识文化，也能具备幸福的人生价值观。老师应用学生成长所需的知识武装自己，让学生幸运地遇到你。

参考文献：

［1］ 陈丽红. 高中生恋爱案例析［J］. 广东教育, 2010（1）.

［2］ 齐芬. 班主任应如何对待高中生的“早恋现象”［J］. 青少年研究（山东省团校学报）, 2013（2）.

［3］ 邱丽娜. 父母教养方式对中学生早恋态度的影响研究［D］. 西南大学, 2010.

［4］ 施双江. 高中生早恋问题研究［D］. 江西师范大学, 2004.

［5］ 苏娟. 高中生恋爱指导的现状与对策研究——基于广西南宁市S校的调查［D］. 华东师范大学, 2009（9）.

［6］ 覃炳学, 阳萍. 高中生恋爱问题成因及对策研究［J］. 今日南国, 2008, 5（91）.

［7］ 邢锋. 高中生恋爱现状调查及教育对策［D］. 辽宁师范大学, 2006.

中学生青春期心理辅导的一点冷思考

青岛第五十八中学　王丽萍

一、前言

“学术界把青春期作为一个特殊的概念来使用，它的含义可以从两个层次来理解：一是人的发展层次。人从出生到死亡，要经历几个不同的发展阶段，每一阶段都有具体的内容。青春期就是指从少年儿童发展到成人的过渡时期。”“二是人的年龄层次。世界各国处于青春期的年龄是不同的，因人而异、因民族而异；受地区、气候的影响；还受现代社会物质生活和精神生活发展水平的影响。”“世界卫生组织（WHO）将青春期的年龄界定为10～19岁。”青春期的标志是女子月经初潮，男子首次遗精。一般认定我国青春期的年龄为11～18岁。

中学生正处于生理发育、心理变化的关键时期。这个时期的青少年要迎接自身生理和心理的一系列巨变，要体察自我的觉醒，要经历具有人生奠基意义的“心理断乳”所蕴含的危机，要发现一个不同于往昔的情感世界和智慧世界，这是一个“急风暴雨”的时期，也有人称之为“第二反抗期”“最难接受教育的年龄期”“最易见教育成效的年龄期”“最危险的年龄期”“第二次诞生期”。从这些用以描述青春期的各种术语中我们可以看出，对中学生进行青春期心理辅导具有特别重要的意义。

二、发展与现状

国内常规意义上的中学生青春期心理辅导在20世纪80年代中期以后

才开始逐渐被提起，近些年来，教育工作者们在这方面做了大量的工作，并取得了很大的进展。有的通过自己的实践不断总结经验；有的通过问卷、访谈等方法及时地从实际中发现问题并提出相应对策。如浙江慈溪市青少年心理发展中心的蔡雪芳写的《青春的烦恼——一例学习分神原因的分析与思考》以及《中国青年研究》杂志发表的《对"青春期"异性交往的八种误解》《喜欢异性不是错》《代沟到底有多大——青少年的父母取向与同伴取向》等文章。另外，近年来我国也出版了不少关于青春期教育的读物，如教育科学出版社出版的《青春期教育》，中国矿业大学出版社出版的《青春的感悟——面向21世纪青春期教育之探索》等。可以说，在进行青春期心理辅导的研究和实践过程中，不少学者、专家已积累了一些经验。但是，在中学生青春期心理辅导的认识和实践中还存在许多误区，如在认识上存在"无师自通论"和"应急论"；在具体实施方面，存在辅导内容片面化、辅导方式单一化以及工作开展孤立化、缺乏专职人员的问题；在技术操作方面，存在鱼龙混杂、方法混乱等问题。这些都严重地阻碍了青春期心理辅导工作在我国的顺利开展，对于这些问题的解决可以说是非常迫切的。

三、对策思考

中学生青春期心理辅导的过程中所出现的种种误区，严重地阻碍了青春期心理辅导工作在我国的顺利进行，同时对于青少年的心理健康发展也是非常不利的。青春期心理辅导工作可以从以下几个方面入手来解决当前存在的各种问题。

1. 教育者应转变"无师自通"的观念，重视中学生青春期心理辅导

随着青春期的到来，中学生的身体、心理都发生了一系列的变化，他们对自身所出现的各种心理现象非常关注，他们迫切地想弄明白这是怎么回事。此时，如果不能从正常的渠道获得科学的知识，他们必然会想办

法，通过各种方式来获得相关信息，以解决其心头的困惑，满足好奇心。在当今这个信息快速传递和广泛开放的社会里，大多数中学生都可以通过各种方式尤其是网络来获得与自己所困惑的心理问题特别是与性心理问题相关的信息。然而开放的社会提供的信息是错综复杂的，此时的中学生正处于由幼稚向成熟过渡的关键时期，他们对许多问题还不能进行全面、正确的分析。这样，与其任他们到处猎奇一些不完善的、支离破碎的甚至是非科学的心理发展知识，还不如主动地适时适度地向他们讲解科学的、系统的知识，让他们明白事情的真相，了解心理发展的特点及其应持有的正确态度和应采取的正确行为，从而引导中学生向着健康的方向发展。

追忆过去，有些人的花季给自己留下美好的回忆，有的则在青春花季中跌倒、受挫、留下伤痕，有的人跌倒之后就再也没有爬起来，甚至刚到花季就枯萎凋谢了，充满恐惧、焦虑、压抑，没有把金子般的年华用在增长体质、知识和才干上，对其个人的成长和整个民族素质的提高所造成的损失是无法估算的。大量出现的由于青春期心理发展知识贫乏而造成的心理问题，都说明了“无师自通”是行不通的，对中学生进行青春期心理辅导是不可或缺的。

2. 中学生青春期心理辅导应真正贯彻预防和发展相结合的原则

前面提到“应急论”只是一种短期的行为，是一种被动的教育，它的思想不符合心理辅导的预防与发展相结合的原则。学校心理辅导兼有矫治、预防与发展三种功能，就整体而言，应该是预防、发展重于矫治。因为从根本上讲，预防和发展比矫治具有更积极的意义，特别是对正处于成长与发展时期的青少年。

乌申斯基曾指出，我们应当“巩固建筑物”，而不要等待去“修补已经崩溃了的建筑物”。我们应该采取主动的教育方式来开展中学生青春期心理辅导，在学生刚刚产生或即将产生对某些知识的需要时就进行教育，正像给婴幼儿接种疫苗一样，增强他们的免疫力，使之不发生或少发生行为问题。十年树木，百年树人，百年大计，教育为本。“应急论”这一教育领域中的短期行为应被积极主动的教育所代替。我们对学生进行的青春期心理辅导应是“及时雨”而不是“马后炮”。

3. 中学生青春期心理辅导的内容有待于充实

个体在进入青春期以后，性器官、性机能迅速发育并逐渐成熟，第二性征突出，这一系列的变化震撼着青少年的心灵，与这些生理变化相适应，青少年的性心理也发生了很大的变化，如性兴趣的产生、性冲动的出现、性梦幻的产生等。可见，性心理辅导应是青春期心理辅导的重要内容。我们还应看到处于青春期的青少年具有以下六个方面的特点：“一是自我意识的增强和判断的片面性；二是成人感、模仿性和尝试性的增强；三是独立性与依赖性并存；四是心理的闭锁性与开放性并存；五是情绪的两极性波动和多变；六是性意识的觉醒。”由此可见，性心理辅导只应是青春期心理辅导的内容之一，对青春期的青少年仅仅进行性心理辅导是远远不够的。

随着生理的发育、性意识的觉醒，中学生产生了渴望接近异性的需要和愿望，资料表明，在社会风气十分开放的美国都有相当一部分大中学生把异性交往当作一个难题。在观念相对保守的中国，不难想象青少年在这方面的问题和困难更多。因此，我们的青春期心理辅导一定不能回避这方面内容。另外，随着个体独立性的增强，他们与同伴的交往也逐渐增多，如何引导青少年与同伴之间正常交往，告诉学生什么是真正的友谊，也是青春期心理辅导的一项内容。

有的人曾指出青春期有两大觉醒——自我意识的觉醒和性意识的觉醒。儿童进入青春期后，在身体上要经受前所未有的迅猛成长所带来的生理成熟的变化；同时情绪、思考能力等也都发生了剧变。中学生往往会突然感到自己的这种变化，产生对自身成熟过程的一种强烈的自我体验。中学生正处于自我意识发展成熟的关键时期，作为心理辅导人员应关注青少年自我意识的发展，及时地对其进行辅导。

由于自我意识的发展、成人意识的增强，中学生开始有强烈的独立自主要求。他们对家长和老师不再那么盲目崇拜和百依百顺，对成人的意见不再言听计从，而是有了自己的主见。他们一方面，极力要求摆脱成人的监控，另一方面，也渴望和需要成人的指导和帮助。这种独立性和依赖性的矛盾，体现了中学生社会地位从依赖到自主的转化，是人生的重要转折点。因此，教育学生全面认识自身心理特点的复杂性，正确地处理与老师、家长的关系也应是青春期心理辅导不可忽视的一项内容。

世界卫生组织（WHO）将青春期的年龄界定为10～19岁。仔细分析这一年龄段，我们可以发现，小学高年级到高中阶段的学生均处于青春期。在这一段时期内，学生经历着两次重大的考试，也面临着两次重大的选择，即中考和高考。经过这两次考试，学习成绩优秀的学生有机会进入高一等学府继续学习深造，但仍有相当一部分学生需要踏上社会，他们面临着对其人生发展具有重要意义的职业选择。因此对青少年进行有关职业选择方面的辅导也应是青春期心理辅导不容推卸的责任。

情绪体验强烈是中学生情绪生活的特点。这一特点使中学生在有意义的生活中热情高涨，精力饱满；但在缺乏理智控制时，过度的情绪反应也容易造成不负责任的冲动行为。辅导人员应及时针对学生的这一情绪特点进行辅导，使其能正确地表达、调节和控制自己的情绪。

中学时期也是个体增长知识、发展能力的黄金时期，心理辅导也应根据中学生学习心理上出现的新特点、新问题给予适当的辅导。

另外，对中学生进行休闲、消费方面的辅导也是非常必要的。比如说，随着信息时代的到来，网络得到普及。中学生是整个年龄段中接受网络信息最快的群体，也是目前网民结构中占相当比重的一个群体。网络犹如一把双刃剑，它在带给中学生大量丰富信息的同时，也会使他们接触到非科学的、不健康的信息。因此，如何指导学生正确上网就成了21世纪中学生心理辅导的新课题，同时也为中学生的休闲辅导增加了新内容。

总之，心理辅导教师应该根据学生整个发展过程中不同时期的不同特点，有针对性地选择辅导内容，与此同时也需要注意辅导内容的全面性，从而促进中学生的心理健康发展。

4. 中学生心理辅导的方式应多样化

可以采用以下几种方式。

（1）开设心理辅导活动课。其特点是：形式上以学生活动为主，内容选取上充分考虑中学生的实际需要，活动组织上以教学班为单位，活动课的目的、内容、方法、程序均是有计划、有系统地安排设计的。活动形式包括心理训练（沙盘、绘画等）、专题辨析、情景设计、角色扮演、游戏辅导、心理知识讲座等。其优点是：在专门组织的活动中可以对中学生的认识、情感、态度、行为各方面有目的地施加积极的影响；青少年参与活动，有利于发挥自己的主动性；将心理辅导列入课程，也使这项工作的开展在人员、时间上有了保证。这种开设心理辅导活动课的方式是对青少年进行心理辅导的一个主渠道。

（2）结合班级、团队活动开展心理辅导。如教师针对青春期的特点，开展有关异性交往、情绪调节、自我认识等方面的主题班会，以帮助学生更好地度过这一特殊的时期。这种辅导方式能把心理辅导与班级、团队活动以及学校安排的其他各项活动结合在一起，便于发挥这几项工作在统一的育人活动中的整体功能。在这种心理辅导中，班主任起到非常重要的作用。

（3）在各科教学中渗透心理辅导。这一方面是由于各科教材中蕴含不少适合于心理辅导的内容素材，教学过程中还会经常出现有利于实施心理辅导的教育情境。教师只要细心挖掘、善加利用，一定可以收到心理辅导的实效。另一方面，它有利于在学校中营造一个促进青少年心理健康发展的环境氛围。学科渗透是一种全员性的策略，在学校中开展青春期心理辅导单靠心理辅导教师，往往孤掌难鸣，势单力薄。

（4）个别辅导。它是心理辅导教师根据个别学生所出现的个别的青春期心理发展问题与学生所进行的一对一的专业助人活动。比较常用的方式有个别交谈、电话咨询、远程网络咨询、个案研究等。由于心理辅导的精髓在于个别化对待，因此可以说个别辅导是一种不可替代的辅导方式。一所学校在开展心理辅导时无论以什么方式为主，如果不以个别辅导相配合，则其辅导工作都是不完整的。

（5）小组辅导。这也称团体咨询，是一组学生在辅导教师的指导下讨论训练，并有效地处理他们所面临的共同问题。小组人数少则四五人，多则十一二人。其成员多为同年级、同年龄学生，且有类似的待解决的心理困扰。如对于刚进入发育期的青少年可以对其进行自我认识方面的小组辅导；将在与异性交往方面存在困扰的学生组织在一起进行辅导等。

（6）其他形式的心理辅导。在学校中，心理辅导人员可以利用宣传栏、校报、校内广播、网站、微信公众号等方式来宣传普及有关青春期心理发展的知识，解决青少年的困惑，如青春期心理发展的特点，青少年应如何与父母、教师相处及与异性、同伴交往，如何控制、调节自己的情绪等。

5. 心理辅导人员应专职化

目前，大多数学校中有了心理专业毕业的心理教师，但是，这部分心理教师到了学校之后往往被安排很多与本职工作无关的大量繁杂工作，导致对心理工作无法专心投入。另外，部分学校中从事心理辅导的人员仍然有从班主任、教学骨干、德育工作者中选拔出来的，这一部分老师一般只参加过非常简短的培训，往往对心理辅导的基本理念理解得非常浅，而且由于他们有非常丰富的学生工作经验，这些经验所造成的思维定势，有时会带来一些负面作用，影响心理辅导工作的效果。而对于青少年来说，他们往往不肯到这些老师的辅导室。其原因主要有：一是青少年认为平时熟悉的老师已带有某种固定的印象，难以客观面对青少年的问题；二是青少年已对教师形成固定的印象，并将此印象迁移到咨询员身上，难以形成对咨询员的信任感。

青春期心理辅导人员的专职化必然要求辅导人员的专业化。而且青春期心理辅导的对象——中学生具有特殊性，前文已经提到，青春期被公认为个体一生心理发展中的关键期，人的个性将要在这一时期定型，很多心理障碍也在这一时期显露和形成。另外，随着青少年独立意识的发展，他们很容易对成人产生逆反心理和抵触情绪。这些都要求心理辅导人员要具有专业的知识、技能，并充分了解青少年的心理发展特点。这样才能帮助青少年顺利地度过心理上的断乳期。

6. 逐步建立学校、家庭、社会相结合的辅导网络，形成教育合力

学校心理辅导的范畴应逐步地由学校延伸至家庭与社区。这一方面要求辅导教师密切与家长保持联系，经常就青少年成长过程中的一些问题进行磋商；另一方面，社会有关部门应协调创建有利于青少年心理健康发展的社会氛围，积极地参与到提高青少年心理素质的活动中。现阶段青岛即墨区、胶州市等地都在积极建设社区心理服务机构。这些校外服务机构做了不少工作，例如，即墨区实行成人和青少年两条轨道同时运行，即面向家长开展公益课堂、心理沙龙等，同时面向青少年开展拓展性的心理活动等，受到家长和青少年的欢迎。社会有关部门也可以利用各种媒体，如广播、电视、报纸、杂志、网络或开通青春期心理咨询热线等方式来宣传普及与青少年心理健康发展有关的知识，从而促进青春期心理辅导在全国范围内更快、更好、更顺利地进行。可以说，关心青少年的健康成长，不仅是学校的职责，也是全社会的任务，青少年心理辅导应注重学校、家庭、社会多方面力量的配合，努力为青少年身心健康发展营造良好的氛围和成长环境。

四、 结束语

青春期在人的一生中所占的时间很短，却非常重要，它关系到青少年发展成为什么样的人的问题，可以说青春期是人增长身体、知识、才干的黄金时代，是人的自我觉醒、人格形成的重要时期，也是人生观、价值观形成的关键时期，因此，对中学生进行心理辅导，以促进其健康发展具有十分重大的意义。

目前，青春期心理辅导在全国正轰轰烈烈地进行，并在许多方面已取得了很大的成就，但在这种心理辅导“热”现象的背后，我们应进行冷思考，应注意到辅导过程中还存在着许多问题有待于进一步解决。在发展我国青春期心理辅导事业过程中，我们也应多借鉴国外和我国港澳台地区的经验，从而促进心理辅导事业的蓬勃发展。任何事物的发展都有一个过程，青春期心理辅导也不例外。相信青春期心理辅导在经过几十年的发展和近期的冷思考之后，一定会取得更辉煌的成绩。

参考文献：

［1］ 李君岗, 周彤. 青春的感情——面向21世纪青春期教育之探索［M］. 北京: 中国矿业大学出版社, 2000: 1.

［2］ 肖扬. 青春期性教育: 全球青年发展的重要议题［J］. 中国青年研究, 2000（5）.

［3］ 谢洪祥. 青春期问卷调查中的启示［J］. 生物学教学, 2000, 25（6）.

［4］ 李君岗, 周彤. 青春的感悟——面向21世纪青春期教育之探索［M］. 北京: 中国矿业大学出版社, 2000: 61.

［5］ 彭泗清. 对“青春期”异性交往的八种误解［J］. 中国青年研究, 2000（1）.

大鱼小池塘效应研究回顾及展望

青岛市崂山区第一中学　江　汶

老师和家长通常认为，进入平均能力水平较高的好学校，能让学生从中得到更多的教育收益（如提高学业成绩、有较高的抱负和更好未来成就），然而大量研究（Marsh，Kong，& Hau，2000；Marsh & Hau，2003；Seaton，Marsh，& Craven，2009；Seaton，Marsh，& Craven，2010）结果显示：进入高学业能力水平学校的学生在未来整体发展上，比在普通学校的同等能力水平的学生的发展要差。美国高考成绩中，来自于高学业选择学校（highly selective college）的学生，与在低学业选择学校的同等能力的学生相比，在各科成绩平均积点分、自我评价和事业报复水平方面显著降低（Davis，1966）。Marsh（1987）在Davis调查结果的基础上，对中小学学生的学业自我概念的研究发现：同等能力水平的学生，在平均成绩比较高的学校或班级里，呈现出比较低的学业自我概念，而在平均成绩水平较低的学校或班级里，呈现较高的学业自我概念，称为大鱼小池塘效应（Big Fish Little Pond Effect，BFLPE）。其核心就是学校或班级平均成绩水平对学生的学业自我概念产生的负向影响。

积极的自我概念不仅能显著预测心理健康程度，而且对人体机能各个方面又有重要的增益功能，激发与培养学生积极的自我概念也成为世界各国教育领域的重要目标（Marsh & Craven，2002）。国外关于学业自我概念的研究发现，学业自我概念与职业规划、求学动机、大学期间的出勤率和课程选择以及随后的教育成就水平显著相关（Seaton，Marsh&Craven，

2009；Marsh，2007）。国内相关研究也发现，学业自我概念可以直接有效地预测学习坚持性（朱丽芳，2006），学业自我概念与考试焦虑显著负相关（张潮，渠玉红，2010）。此外，学业自我概念和学业成绩的相关研究（徐富明，施建农，刘化明，2008；颜秋实，井西学，孟肖路，2009）也一直是教育心理学界所关心的热点话题。学业自我概念不仅受学生个人能力的影响，也会因为学生所在班级环境的不同而变化，因此对环境的控制与改善，运用社会比较在自我学业概念中的积极作用是对BFLPE研究的意义所在。

一、 BFLPE的理论基础

1. Marsh早年理论假设

学业自我概念是一个多维度的等级结构， 它与学生的学业成绩高相关，但与自尊、自信等影响非学业自我概念组成部分（身体自我、理想自我等）相关不高或影响不显著。Marsh从学业成绩和学业自我概念角度出发，提出以下假设，如图1所示：① 学生个人成绩对学业自我概念产生积极影响。② 学校平均学业自我概念在高学业能力水平和低学业能力水平的学校中水平相似，因为学生的参考框架是建立在本校同学成绩基础之上的，但实际上对应能力水平的学生，在高学业能力水平学校的学业自我概念要显著高于低学业能力水平学校的学生。③ 在控制学生个人能力水平后，学校平均能力水平与学业自我概念负相关。④ 控制学校平均能力水平后，学业自我概念与学生能力水平高相关。⑤ 通过个体成绩和学校平均成绩两个标准预测学业自我概念，比单独使用二者之一预测要更准确。⑥ 学校平均学业能力水平只对学业自我概念起作用，对自我概念的其他组成部分（如身体自我概念）没有消极作用。⑦ 所有学生在高学业能力水平学校都将产生较低的学业自我概念，相比于其加入低能力水平学校，学校平均能力水平与个体能力差异间的交互作用不显著。

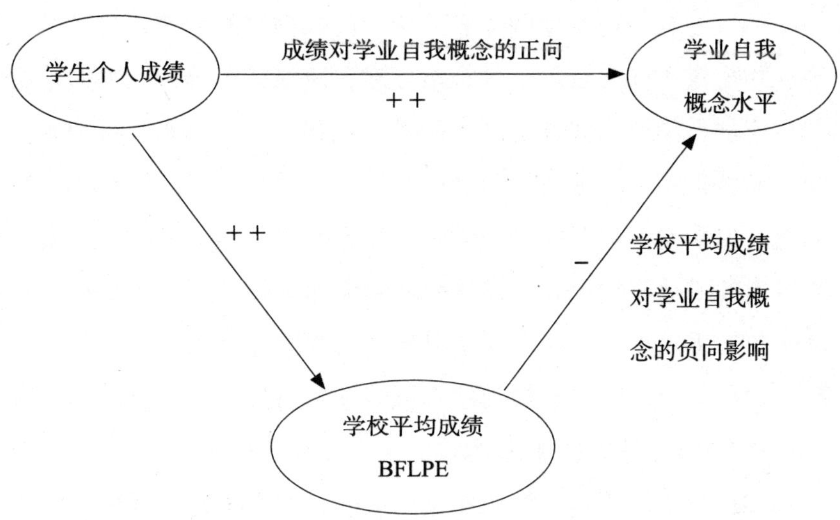

图1　大鱼小池塘效应理论构想（Marsh，2007）

2. 社会比较理论

个体在自我认知的过程中，如果参考框架被忽视，就无法客观正确地了解自我。相同的客观特征和成就可能产生截然不同的自我概念，这种不同的结果依赖于个体在自我评价时，使用何种参照系和比较标准（Marsh，Craven，2002；Marsh，2007）。

Festinger（1954）提出，个体具有评价自己能力和观点的动机，当人们无法获得客观的手段进行评价时，倾向于在与他人的比较中判明自己的能力和观点，而这种比较的结果对个体的认知和行为具有重要影响。身处于班级中的学生，在知觉自我能力时，从不缺乏各种各样的比较对象。但是与Festinger的比较前提相违背的是，学生的成绩可以通过和试卷总分、排名等潜在的客观手段进行比较，进而形成自己的学业自我概念。然而在BFLPE现象中，学生更倾向于以群体的平均成绩为参照系进行比较。

3. 内/外参考框架模型（Internal/External Frame of Reference Model）

Marsh（1986）提出，外部参考框架模型是典型的社会比较过程，学生将某一门学科的成绩与其他同学在此课上的成绩进行比较，或者是与某种外部标准相比较（如学校设定的合格标准，班级排名等）。其结果是学业成绩与对应学科学业自我概念之间的显著正相关以及不同学科学业自我概念之间的显著正相关，因为学生往往会感知到几门学科的学业成绩都较他人好或差。内部参考框架模型是学生将自己在某一学科上的考试成绩与在另一学科上的成绩进行比较，比较结果是学业成绩与不相应学科学业自我概念之间的显著负相关以及不同学科学业自我概念之间的显著负相关，因为对某一学科学业成绩更积极的感知可能导致对另一学科更消极的感知，如数学成绩最高，其数学自我概念将优于语文自我概念。

BFLPE是基于外部参考框架模型形成的，学生将自己各科学的业成绩与同伴的学业成绩相比较，以这种社会比较印象为基础，形成自己的学业自我概念。因此，同等能力的学生，当他们将自己与更高能力的同学进行比较时，就会有较低的学业自我概念，与能力较低的同学进行比较时，就会有较高的学业自我概念。

二、特点

首先，大鱼小池塘效应是一种消极自我评价的结果。学生在高能力学校学习的时间越久，消极的自我评价越严重，甚至在从学校毕业后，仍然会显著影响学生的个人发展（Marsh et al.， 2007）。同时，团体水平的负向作用，只对学业自我概念产生影响，而对非学业自我概念和总体自我概念影响不大。第二，无论是在集体主义文化还是个人主义文化取向的国家，无论是在发展中国家还是发达国家，中学生的学业自我概念都表现出大鱼小池塘效应（Marsh&Hau，2003）。第三，从学生发展的角度，大鱼小池塘效应量会随着学生年龄的增长而减小，这是因为高年级学生不再单纯依靠与同班同学的成绩进行比较获得学业自我概念，而是依据更加广泛的评价标准，例如，自我标准和时间自我评价。第四，特殊儿童群体的学业自我概念也呈现大鱼小池塘效应。Renick和Harter（1989）的研究发现，学习不良儿童进行本群体比较所知觉到的学业自我概念显著高于进行外群体比较，随着年级的不断升高，学习不良儿童的学业自我概念呈现出不断下降的发展趋势。Marsh，Tracey和Craven（2006）的纵向研究发现，学习困难儿童的学业自我概念在普通班随时间延长而持续下降，而在特殊班却提高了。此外，超常学生就读超常班和普通班的学业自我概念研究与学习困难儿童相似（Marsh，Chessor，Craven&Roche，1995；Zeidner& Schleyer，1999）。最后，大鱼小池塘效应是同化与对比效应共同作用的结果，最终表现为学校或班级平均成绩对学业自我概念的负向影响。当学生通过公开公正的选拔而加入某一高水平团体时，会自发地产生自豪和自信等积极情感，因此被选拔的优秀学生的学业自我概念可能会提高（光环效应）。Marsh，Kong和Hau（2000）在中国香港地区进行了历时4年的纵向研究，区分了两种作用相反的效应。研究中除了对学业自我概念和标准成就进行测量外，还增加了一份4个条目的学校地位量表（我们学校享有盛名；我们学校的学业标准很高，许多学生都想在我们学校就读；众所周知，我们学校的学生在公共考试中成绩很好；我们学校的毕业生很受欢迎），结果表明，即使那些对学校评价很高的学生，也会出现学业自我概念上的大鱼小池塘效应。

三、 社会比较在BFLPE中的作用

1. 比较的结果：对比效应还是同化效应

Liu，Wang和Parkins（2005）用历史研究的方法考察了分级制教学对学生学业自我概念的即时影响和长期影响。研究以分级教学背景下的新加坡学生为被试，跟踪调查了从初一到初三学生的学业自我概念。结果发现，分班之初，低水平班级学生的学业自我概念显著低于高水平班级；三年后，高水平班级学生的学业自我概念显著低于低水平班级。Liu等认为，分

班之初，学生缺乏对班级内个体成绩水平的客观认识，只能依靠班级平均成绩为外部参照系，班级间比较的同化效应起了主导作用。而随着班级内社会比较的形成和发展，大鱼小池塘对学生的学业自我概念产生了更加深远的影响。

目前，还没有社会比较研究发现，与更优秀的同学进行比较会导致消极的教育产出，反而选择与优于自己的同学比较，可以显著提高自己随后的学业成绩，称为行动上的同化效应（Dijksterhuis & Van Knippenberg，1998），同时选择向上比较对自我评价没有影响（Blanton，Buunk，Gibbons，& Kuyper，1999；Huguet，Dumas，Monteil，& Genestoux，2001）。这意味着学生选择向上比较的目标是鼓舞人心的，并非导致消极的对比效应。

在较高平均成绩班级中的学生，面对同一比较目标，可能同时存在同化和对比两种效应。一方面，大部分学生比我优秀，是一种对学业自我概念不利的社会比较，容易形成较低的学业自我概念。另一方面，认知同化的产生是由于对自我与比较目标之间相似性的解释而不是与比较目标差异性的解释（Biernat，2005；Collins，1996）。Huguet等（2009）研究发现，班级能力水平越高，绝对比较水平选择越高，即大部分学生倾向于进行向上比较选择，这部分学生的学业自我概念不是降低而是升高了。由此推测，高平均能力水平班中的学生在选择向上比较时，会自发地运用与比较对象相似性的策略，这样个体就会认为自己在未来很有可能达到比较对象的水平，认为自己比大部分人是优秀的，产生较高自我效能感和导致自我增强。因此，向上比较的结果又可能导致同化效应。

由此可见，无论是上行比较还是下行比较，对学生的学业自我概念，或者产生对比效应，或者产生同化效应，还有可能同时产生两种完全相反的效应。因此，大鱼小池塘效应的原因可能并不在于比较的方向，而更多的与学生所处班级的具体情境和学生选择的比较标准类型有关。

2. 比较的标准：概括他人（generalized others）和特定他人（specific others）

在SCT的研究中，被试自由选择某一个比较目标，这个特定他人的选择过程还会涉及某种策略的使用。例如，选择某类更有能力的人，可能出于自我认同或是希望和比较目标同样优秀（Suls，Martin& Wheeler，2002），或者是为了获得有效信息，提高工作表现（Taylor & Lobel，1989）。选择不如自己的人比较是为了维持其自尊和主观幸福感（刑淑芬，俞国良，2005）；或者是为了保护自我概念（Wood，1989）。因此，学生在SCT范式中对比较对象的选择比在BFLPE中拥有更大的灵活性。

BFLPE强调概括他人作为参照系时，对学生的学业自我概念的影响，因为使用其他学生的平均学业成绩作为参照系来评价自己的学业成绩，这可能是一种自动的、被迫的比较方式，是学生处于某一班级中不可避免的。然而在SCT范式中，向上比较的作用不总是消极的，尤其是当被试有能力选择比较目标，向上比较导致同化而不是对比。Blanton，（1999）和Huguet（2001，2009）等的研究表明，当被提问选择比较目标进行比较，学生都会选择那些和自己相似或者稍好于自己的人。因此，有理由推测个体在评估学业自我概念时，这两类比较标准的使用并不是完全独立的。Marsh，Seaton，Trautwein，Lüdtke和Koller（2008）研究发现，概括他人和特定他人对BFLPE的作用不同，两种社会比较信息都将对数学自我概念产生消极作用，分别以比较方向（选择向上、向下或者平行比较对象）、班级平均成绩为自变量，数学自我评价为因变量，都产生了BFLPE，两种信息源的作用是独立的，并且无法被彼此解释。

同时选择特定他人和概括他人来评估自己的能力和成绩。这与Festinger（1954）早期的研究中，强调重视群体比较的进程，强调在自我和群体之间，概括他人可以作为标准比较的基础，即个体如何使用群体来评价自己的能力的观点相一致。同时，Festinger假设：当存在一个客观的非社会比较标准，个体将不会通过与他人的比较来评价自己的能力和观点。换言之，当学生以成绩总分或者成绩排名分布作为客观的非社会比较标准，学生将不再需要卷入一系列选择特定他人的社会比较以及在选择过程中的比较方向和比较策略的应用。因此，最终起作用的是基于概括他人比较标准而产生的BFLPE。

3. 选择通达模型（Selective Accessibility Model）与BFLPE

学生选择不同的比较标准类型，导致不同的比较结果，但是社会比较过程中产生对比和同化效应的心理机制是什么，Marsh并没有明确说明。在Huguet等（2009）的研究中，尝试用选择通达模型来解释不同比较对象造成的两种截然相反效应的原因。

该模型的基本假设是，要想了解社会比较过程如何影响个体的自我评价，必须考察其信息基础是什么，同化效应还是对比效应的产生依赖于个体的判断过程所激活的目标知识的运用，Mussweiler（2007）认为，信息比较就是假设检验的过程、相似性检验过程，个体会选择性地注意目标与标准之间一致性的信息内容，产生同化效应。而在相异性检验过程中，个体会选择性地注意目标与标准之间不一致性的信息内容，产生对比效应。

当学生被要求把自己与一个给定的标准相比较，可能选择性地增加“标准——一致”的自我认知的通达性，与一个相对较高的标准比较后产生同化效应。Huguet等（2009）要求学生回答以下问题：“在过去的两个学期中，你和你的比较对象在数学和法语成绩上，得分相同的情况是（1. 从不，2. 有时候，3. 一两次，4. 经常，5. 总是）？”相关分析结果显示，在控制个体能力差以后，不仅仅是较高的比较水平选择与更高的学业自我概念正相关，而且比较水平选择越高，学生感觉他们与比较目标越相似。除了选择通达性知识外，比较的过程还使一些潜在的与比较结果有关的知识也成为通达的，尤其是它所激发的参照点（高妍春， 杜建政， 宋宜梅， 2006）。与一个相对较高的标准比较后，也会导致对比效应（Mussweiler， 2007）。因此，Huguet等认为同化和对比效应的产生可能是由于一种单一的比较选择造成，其结果依赖于学生比较判断的目的是“标准——致”的自我认知还是参照点的使用。

在能自主选择比较目标时，学生倾向寻找与向上比较目标的相似性，并对比较结果产生这样一种认知：认为比较成功的目标就是他们的未来自我。相反地，被迫的与班级水平比较，不允许使用提名比较对象的策略性选择，当比较目标不能被选择，个体可能会因被迫的比较进行差异性检验。也就是说，当学生参照班级大部分同学进行自我评价时，差异检验导致对比，因此与比较目标相背离而导致BFLPE。Huguet等要求学生回答以下问题：“与你的比较对象相比，你在数学和法语成绩上比他们（1. 更优秀，3. 同样优秀，5. 差很多）？” 学生在班级中感知到的对与大部分同学的相对地位（Perceived relative standing in class）是导致同等能力学生在高平均成绩班级的学业自我概念低于在低平均成绩班级的重要原因（Huguet，et al.，2009）。

四、小结与展望

1. BFLPE对教育的启示

BFLPE的研究结果对于理解学业自我概念的形成和验证参照系模型意义重大。虽然班级平均能力对学业自我概念产生消极影响，这意味着在平均能力水平较高的班级中，会有更多的学生产生较低学业自我概念，导致这部分学生不能完全发挥其学业上的潜能，从而影响他们的学业选择、学业努力以及随后的学业成就。但这并不等于所有学生都将从高竞争的环境中经历自我概念威胁的痛苦，至少自发的向上比较对学业自我概念的影响是积极的，即使是在较高能力的学校或班级中，学生也能通过与更优秀的同学比较而提高成绩（Blanton，et al，1999；Huguet，et al，2001）。

因此，作为教育工作者，应该引导学生关注与比较目标的相似性，并引导学生注意不同阶段的自我比较达到自我增强的目的。作为研究者，必须同时考虑群体比较（概括他人）和个体比较（特定他人）两种比较标准，既不能仅仅单独考虑学生在班级或学校里名次的作用，也不能排除向上或向下比较对学生学业自我概念的两种对立效应的贡献。

最后，澄清社会比较在BFLPE中的作用以及学生选择比较标准的特点和心理机制，对于超常儿童（李颖，施建农，2005）和学习困难儿童（邢淑芬，2006）的教育安置和学业发展以及目前各中小学中普遍采取的按能力水平分班的分级制教学都有重要现实意义。

2. 研究内容的扩展

不否认在班级平均成绩和学业自我概念之间有其他可能的调节变量。例如，学生对自己未来的预期、对比较维度的控制、比较标准的可通达性，同伴关系（Flook，Repetti & Ullman，2005），个人能力的自然提高，学生对光环效应的认同增强以及学生的比较选择方向和策略（Dai & Rinn，2008；Marsh，2007）。不同学生样本中的调节特质不同，同一样本中各个因素间的共同作用也应该作为今后调节变量研究的焦点。对BFLPE的调节变量的探究，其重要意义在于改善那些就读于高水平学校或班级学生在受教育的过程中较低的自我评价。

3. 研究方法的完善

问卷法只能得到一般的描述性资料，要明确学生学业自我概念形成中的比较动机还需结合一定的访谈形式，社会比较有时是一种内隐的过程，口头报告无法控制社会称许性。BFLPE是基于大样本相关分析的结果，做因果解释的效度有待考证。对学业自我概念的纵向研究堆积揭示大鱼小池塘效应的机制和控制其消极影响具有深远意义。此外，Marsh等对班级或学校平均能力的界定可能存在系统误差，那些平均能力高的群体，可能是由更优越的社会经济地位家庭的学生组成，这样他们无论是在学习资源还是整体自我概念的建构上都可能更胜一筹，换言之，Marsh对同等能力水平的学生仅仅是从标准成就测验上进行界定，而忽视了个体其他方面的差异。

4. 本土实证研究的加强

国外的这些研究为我们研究中国学生的学业自我概念提供了理论依据及方法指导。学业自我概念对学生的整体发展会产生何种影响，因文化背景的差异而不同。在中学教育中，我国的城乡教育环境的差异、区域教育环境的差异、重点校与非重点学校的差异（刘玉新，2007）、学生群体间的教育差异等与西方是无法进行类比的，如果全都采用西化的量表（SDQ）进行测量，结果的可靠性有待商榷。目前在国内关于BFLPE的验证性实证研究还没有。因此，有理由期待研究者能对国内文化和教育背景下的BFLPE做进一步的探讨，以验证和比较BFLPE的文化普适性。

参考文献：

［1］ 高妍春，杜建政，宋宜梅．社会判断的选择通达理论［J］．心理科学，2006（29）：228–230.

［2］ 李颖，施建农．大鱼小池塘效应——对超常儿童教育安置的思考［J］．心理科学进展，2005（13）：623–628.

［3］ 刘玉新．学业自我概念研究概述［J］．吉林省教育学院学报，2007（5）：5–10.

［4］ 刑淑芬，俞国良．社会比较研究的现状与发展趋势［J］．心理科学进展，2005（13）：78–84.

［5］ 徐富明，施建农，刘化明．中学生的学业自我概念及其与学业成绩的关系［J］．中国临床心理学杂志，2008（16）：59–62.

［6］ 张潮，渠玉红．高中生自尊、学业自我概念及考试焦虑的关系［J］．中国临床心理学杂志，2010（18）：65–68.

［7］ 朱丽芳．（2006）．大学生学业自我概念、成就目标定向与学习坚持性的关系研究［J］．中国临床心理学杂志，2006（14）：192–193.

心理咨询中“一”的启迪

青岛市即墨区第一中学　黄艳艳

生活中，我们每个人都扮演着诸多角色，为人子女，为人父母，为人师长，为人同辈，为人亲友……于是，在不同的时刻里，我们需要扮演好不同的角色，而许多时刻，我们要留在当下，守好当下的本分，竟然并不容易。

这一刻，我以一个旁观者的角色，重新回到当时的情境中，去体验，去感受，去发现，也邀请看到这段文字的你，与我一同回到那情那景——

一个人物：小朋友，男，两岁半，我的孩子。性情相对温和，和家人沟通良好，会怯生，熟络后会放得开。

一个事件：周末回奶奶家，与堂姐一起玩儿，奶奶把堂姐搁置许久的一辆小车给小朋友玩儿，彼时姐姐看小朋友喜欢，一个劲儿地想要要回去，爸爸就带小朋友去买了一辆蓝色的小摩托车回来，姐姐也好喜欢，后来把那辆橘色的同款摩托车也买了回来，小朋友更为喜欢橘色小车，想要带回家，并愿意把蓝色小车留下给姐姐，但姐姐不肯。俩人在床上对峙起来，彼此不妥协，爸爸哄小朋友把车拿出来，他帮忙保管，但转身就把橘色的车偷偷给了姐姐，小朋友在回家路上就嚷着要车，妈妈告诉他已经还给姐姐，有些不高兴，但没有过激反应。

一种情绪：小朋友虽然没有哭着喊着一定要把车找回来，但是睡梦中就会哭喊：“把我的摩托车拿来，我要我的摩托车！”这样的情况已经持续了两天，能够明显感觉到小朋友对于那辆车的喜爱是由衷的，得而复失以及被欺骗的感觉真实存在。

一种行为：说好的姥爷和爸爸要给小朋友剪头发，小朋友哭着嚷着不让爸爸剪，让妈妈给他剪，不让爸爸看他……

一份反思：作为妈妈，从孩子的反应里，清晰地看到了自己对于这个事件的反应，当时在那个情境下，看着痛哭流涕的姐姐，心里面也有些不安和烦躁，不想因为一个玩具就弄得孩子哭哭啼啼的，但是毕竟是侄女儿，无法劝说，只能从小朋友身上做工作，却忽略了他其实只是个不到三岁的孩子，他是真的喜欢那辆小车，而且也想了折中的办法，就是拿自己的那辆蓝色的小车与姐姐的橘色小车来换，小朋友也觉得自己做出了莫大的让步，所以，当爸爸妈妈一起劝他把车还给姐姐时，他也觉得有莫大的委屈，而彼时的妈妈竟完全没有意识到，以至于后来爸爸哄骗他把车拿出来时，竟然没有阻止。小朋友后来睡梦中的哭泣，其实不单单是表达对小车的喜欢，更是表达内心的一种失望与委屈，他最信任的爸爸妈妈在那样的时刻里，竟然没有站在他的身边支持他，而是只顾及了自己的面子，却忽略了小朋友的需求。妈妈意识到这件事情对于小朋友的影响时，内心多了许多的自责、愧疚与不安，于是，这两天空闲下来，就会在网上去寻找同款的小摩托车，期待能够给小朋友一份弥补，但无论如何，我们都无法清晰地知道，到底我们在孩子心上种下了一颗怎样的种子，我们如何才能抹去孩子心里面的那个信任被辜负的阴影……

一份提醒：“摩托车风波”提醒我，无论在什么时候，作为父母，我们都应当无条件地站在孩子身边支持他，并非要鼓励他将别人的东西据为己有，而是陪伴他的情绪，帮助他去发现与澄清自己的情绪，与他沟通，对于自己喜爱的东西，除了带走之外，也许还有更好的途径。比如说：可以先把它放在奶奶家，等下次回来的时候，再和姐姐商量一起玩儿；也可以拍下图片，妈妈比照同样的款式再去给他买一辆；如果没有了，那我们也可以找个替代的物品……也许对于孩子，因为他们的注意力很容易转移，当他离开这个情境，对这个物品的喜爱也会自然地降低了，但是，大人利用孩子的信任来哄骗他，那就是另外一回事情了，孩子虽然小，不会表达，但不代表他没有体验，而我相信，小朋友已经深深地体验到了信任被辜负的痛苦，他有些迷茫，有些不安，甚至有些彷徨，身边最值得信赖的爸爸妈妈，都会让他的信任落空，那么，这个世界上，他值得信任与托付的人还有谁？当我意识到这个问题时，心里顿时惶恐起来，也许我们真的需要学习“一”的智慧，那就是，在面对孩子时，要始终一心一意，在那个当下，我们就是孩子的爸爸妈妈，这是我们在面对孩子时唯一的角色，所以，我们必须要做好我们作为父母的本分，而我们承载的其他角色是我们需要面对的，我们有责任去处理好，而不是将压力转嫁给孩子和其他人，在养育孩子的过程里，必须要战战兢兢、如履薄冰，细数我们与孩子互动的每一个瞬间，及时调整，学习呵护孩子的天性，保留他们对他人的信任与依赖，陪伴他们去发现这世界的善与恶、美与丑，让他们在爱的滋养里，能够直面生活的残酷现实，却依旧深爱这色彩斑斓、精彩纷呈的世界！

推开心门　拥抱阳光

青岛市即墨区第一中学　黄艳艳

一、背景

时光不停的流转中，依稀记得那年那月那日的那个男孩儿略显孤寂、落寞和悲凉的背影，还有他的故事，一直都藏在我的心底，直到今日，因缘际会，有了一个记述的机会……

睿（化名）中考时是他们乡镇的第三名，作为指标生被录入我校。初入校时，因为学习成绩优异，比较灵活、热心、外向，而成为班级的副班长兼体育委员。入校不到两月，却因为在宿舍抽烟、晚自习后爬墙出校门，去网吧上网、喝酒、打架斗殴等被学校处分。一个相对优秀的孩子，何以在短期内有如此大的转变？在他身上到底发生了什么？在班主任的引荐下，睿和他的妈妈来到了我的咨询室……

初见睿，是在11月初的上午，睿给我的第一印象是他很瘦小，160厘米左右，开学初发的校服已经有些脏，但两个口袋处却用黑笔分别绘了一只鸟，栩栩如生，却也让人感觉有些莫名的不舒服。他低眉顺眼地站在我的跟前，一副“请老师原谅”的架势。我邀请他和妈妈坐下，他不肯，不抬眼睛看我，却小声嘟囔着：“老师，我犯了错误，还是站着就好了！”在我还没来得及回应时，睿的妈妈产生反应了，只见她怒目圆睁，用“河东狮吼”的声调对着睿说：“你也知道自己犯错误了啊！你说，我怎么生了你这么个不争气的儿子？！你……”看着瞬间变脸的妈妈以及有些惊慌失措的睿，我慌忙制止：“睿的妈妈，您好！”此时，恍若大梦初醒的妈妈，才重新意识到我的存在，“哦，老师，您好，真不好意思……”此刻，睿的妈妈又像是变了一个人似的与我客套起来。

当我坐在睿和妈妈的面前，睿的妈妈对睿似乎没有那么严厉了，也愿意去倾听睿的表达，但是，如果没有外人在旁边的时候呢？睿和妈妈的互动又是如何呢？

第一次的会面，睿的妈妈中途接了一个电话，说是睿的爸爸在村边的桥上出了事儿，睿的妈妈急匆匆地走了，临走还回转身，狠狠地瞪了睿一眼，“你在学校里最好消停点，别让我天天给你擦屁股，也别老让人家老师为你操心……”随后，礼貌地与我招呼离开。

在我和睿进行心理辅导工作的过程中，我大约见了睿的妈妈三次，每次她给我的感觉总是很富有层次感，在面对睿时，像极了一头凶猛的大狮子，仿佛随时要把儿子吞噬掉一番，而睿，在妈妈的面前，就像一只温顺的小绵羊，但我却从他紧咬住的牙齿以及暗暗握起的拳头里感受到了他内在的无比愤怒与委屈。

二、策略

睿在学校的各种行为问题层出不穷，而在心理辅导的过程中，我深深地感到这个孩子成长历程的不易，也发现了亲子互动中的一些问题，比如：

父子关系相对淡漠：爸爸常年卧病在床，身体不能干重活儿，也没什么气力去管家里的几个孩子（睿有两个哥哥，他是老幺），唯一的骄傲就是睿从小就比较争气，而爸爸与睿的沟通也仅限于学习。

母子关系错综复杂：妈妈对睿的需求基本是有求必应，但却在睿上学后对睿在学校的表现近乎苛刻，只要成绩考不好，在学校“惹是生非”，非骂即打。

兄弟关系莫名其妙：从睿和妈妈的表达里，能够感受到睿对两个哥哥的感情很淡漠，甚至有些蔑视。睿的两个哥哥因为家贫，到了婚嫁的年龄，都未成家，一家五口人就挤在一个破旧的四间房里，睿觉得哥哥们特别没本事。

综合睿在学校里的种种表现，比如，人前努力做出乖的样子，人后却抽烟、喝酒、打牌、上网、打架斗殴什么都做，一方面可能跟他的自我约束力有关系，而更大可能性却是他的家庭成长背景，他与家庭成员之间的互动塑造了他今天的行为。

于是，我决定不仅仅将睿作为我的辅导对象，而是将他的整个家庭都纳入这一场辅导中。因为，“每一个问题孩子的背后，一定站着一对问题父母，一定有着一个问题家庭”。

1. 构建系统干预的框架，邀请相关人员介入

睿的妈妈最初的介入只是因为睿在学校犯了错误，妈妈是来配合学校处理睿的问题的，但妈妈并不认为自己需要为睿的问题负任何责任，相反，这是睿自己不争气，给家里丢脸了。

而当我再次邀请妈妈加入对睿的辅导时，妈妈最初有些不解，不断地跟我讲“自己没文化，也教育不出什么好孩子，希望学校和老师多费心”之类的话，听闻我想邀请她加入对睿的辅导计划里，更是头摇得如拨浪鼓一般。我静等她把所有“不行，不能”的话都说尽之后，只问了她一句：“您想不想让睿成为一个优秀的孩子，以后光耀门楣？”妈妈的眼睛顿时亮了，大声地回应我：“想！做梦都想！”“那就更需要您的参与了！”妈妈思考了好半天，最后才鼓足勇气地说：“我啥也不会，不过老师既然说了，那我愿意试试看。”

当一个孩子身后的大人们愿意为他们的成长去添一把火、加一把柴时，这个孩子成长与发展的契机就已经开启了。

睿的妈妈的加入，不再是被动地接受，而是积极主动地参与，和我一起梳理睿的成长历程，发现睿在成长过程中的优势和亮点，同时也找到了睿自身可调整和改进的地方。在学校里，由老师监督提升；在家里面，则

由妈妈去提醒，并对他的些许改变给予及时的回馈。

当然，在邀请睿的妈妈加入的同时，我也与睿的班主任及科任老师积极沟通，尽管睿有很多的外在行为问题，但他行为背后的渴望也许是美好的，“每种负面行为的背后都有个正向的请求”。睿的行为看起来的确可能是“品行问题”，但深层次的原因却是这个孩子从小获得的爱与关注不够，他必须要做得好才会得到认可与赞扬，长期的压抑使得这个孩子一旦有机会去寻求快乐与刺激，他就会想方设法去尝试。我与睿的老师们达成共识，我们愿意去扶这个孩子一把，让他未来的人生能够走得更顺畅。

于是，老师们分头行事——睿的班主任负责定期约谈睿，记录他近期的好的表现，同时指出仍需改进的地方；科任老师则就睿在各学科上的优势与弱势分别给予指导，帮助睿在学习上提升自信。

2. 个体跟进指导，定期心理辅导

睿的行为问题背后呈现出的是内在的渴望与需求。他的抽烟、喝酒、打架斗殴、外出上网等都是触犯校规校纪的行为，是被明令禁止的。而他最初做这一切都是偷偷的，只是因为有一次外出上网被发现，他的那些“恶行”才一点点浮出水面。但睿最初是死不承认的，他努力想要维护自己在学校和老师心目中的形象，这和他在父母面前想要去维持的那个“乖孩子”形象的举动何其相似？！所以，在邀请家庭成员和老师介入之后，我与睿之间达成了定期心理辅导的约定，他每周二下午第四节课来咨询室见我，我们做50分钟的心理辅导。

睿最初的辅导总会迟到几分钟，但他从未爽约，而且即便有事情不能来到咨询室，他总会抽出时间来办公室跟我申请。

在与睿长达一年的心理辅导工作里，睿一点点地发生了让人可喜的变化——他和社会上的“狐朋狗友”逐渐地断了联系；学习上变得更加积极，学习成绩开始从下滑的37名上升到了班级的20名以内，自信心也越来越强；抽烟、喝酒的嗜好也逐渐地戒除了，外出上网的现象再无发生。

三、反思

这个案例到此也许该结束了，但在高二开始不久，睿却提出了转学的申请，彼时我虽惊讶，却心知那是睿的选择，因为他心中一直有个梦想，想要去做一名像爸爸一样的技术工人。睿的爸爸曾经是他们镇上最好的泥瓦匠之一，但后来因为一次建筑事故，丧失了劳动能力，从此一蹶不振。睿尽管与爸爸关系淡漠，但在内心深处，他却深深地认同父亲，并且试图向父亲靠拢。这个男孩儿在开始渐渐地找回自己后，大胆地提出了自己的志向，他想去职业学校学技术，以后做一名“金蓝领”。

令人感动的是，经过一年多的互动与磨合，睿的妈妈再也不会如当初一样去阻止儿子走他想走的路，她的确有些痛心和惋惜，但仍然尊重儿子的决定，我仍记得，她在办公室面对睿说的话，“儿子，你大了，妈妈现在才发现我竟然那么不了解你，尽管我不想让你去职业学校，但我愿意相信你这样做一定有你的理由，我支持你！……”

这个男孩儿最终去了职业学校，并给我来过一封信，信上说：“老师，谢谢您，在所有人都要放弃我时，没有放弃我；谢谢您，让我知道我的家人有多爱我；谢谢您，让我发现原来我可以为我自己做决定，而不必用自甘堕落的方式来证明……”

当睿的故事再一次浮现，我才发觉，原来，在他的历程里，竟隐藏着诸多的教育密码——

1. 父母是什么样的人，比父母做什么样的事情更重要

作为家长和老师，我们很多时候只在意孩子的成长，而忽视了作为大人自身的提高，忽略了自身一言一行对孩子的潜移默化、耳濡目染。我们给孩子树立什么样的生活状态，将深层次影响着孩子的成长。

睿的父母其实都是老实本分的农村人，他们含辛茹苦，希望睿以后能够有出息，但在教育的过程中，他们太焦虑也太着急了，所以，对于睿，

总有这样那样的管制，使得睿在无限认同父母、呈现出父母想要的“好”的同时，也开始不断寻求自我的价值与认同感，并在父母看不见的地方去探索自由与舒服。于是，他自身的冲突就会越来越明显，越来越“身不由己”地想要去“作（zuō）”。

当我们大人有耐心、有信心，陪伴孩子看到他生命本身的真相，去了解他行为背后的渴求时，我们会发现那些外在的问题行为自然而然地消失了，而这个孩子内在的勇气和力量也会生发出来。

人们都说，“父母是孩子的第一任老师，家庭是孩子的第一所学校”。我们期待自己的孩子长成什么样的人，我们自己首先要朝着那样的方向去努力，那样，孩子就会自然而然地去跟随了。

2. 父母不说什么，比说什么更重要

大人往往会担心不指导、不干预、不说服、不指责，孩子总会犯错，总会走歪路。而事实上，每个孩子都是在不断试错的过程中长大的，作为大人，我们需要给孩子成长一个大致的方向参考，需要在孩子成长的过程中陪在身边，但也只是陪着就好，如果我们在孩子成年早期（12岁以前），就给了孩子积极向上的人生态度、良好的品行习惯、融合人际关系的能力，并且能够以身作则、身先示范，那么，孩子在日后的过程里，只需要父母在旁辅助，不必去指出他/她哪里做得不够好，哪里还需要再做点什么，只需要无条件地信任他/她，等待他/她在迷茫、困惑、遭遇选择时与我们讨论即可。

睿的父母做得最好的一点就是妈妈及时发现了自己在与睿互动的过程中说得太多、管得太宽，使得这个孩子没了自我，于是，就拼命地“作”，以证明自己对自己是有主动权的。而当妈妈开始一点点地为睿“松绑”，从什么都说，到克制自己不说什么，就让睿一点点地活出了自己的样子，也让母子之间更加亲近。

3. 最好的教育，就是帮助每一个孩子去找到自己的生命价值

生命最可贵的，不在于结果，而在于过程。而生命最精彩的，就在于每个人可以用自己的方式，去度过自己的一生。教育，就是生活；生活，就是选择哪种方式去活着。对于生命，每个人只有自己才能对它负责。这是任何人都代替不了的，即便亲生父母也不能。

所以，我们在教育孩子的过程中，并非一定要将我们的价值观念灌输给孩子，而是要培养孩子建构自我的价值体系，寻到自己内在的兴趣和动力点，然后朝着这个方向去努力，并为自己的人生负责。

睿最终还是从普通高中退学，去了职业学校。尽管传统观念中，我们不认同这样的做法，我们始终以为走一条无比正统的路才是好的，但这是睿自己的选择和决定，是在他越来越清晰地发现自己，梳理清楚自己与家人、与他人的关系，搞明白自己内在真正的需要之后的选择和决定，这并不妨碍他成为优秀而卓越的自己。而他的爸爸妈妈最终也愿意尊重儿子的这个决定，因为他们终于发现，原来孩子并非自己的所属品，他是有着独立思想和意志的完整个体，我们能够做的就是在教育的过程中，引导和帮助孩子去发现自己的内在价值，去理清自己的梦想，选择一条人生的道路，走上去，然后坚定地走下去。

每个孩子的心里面都有一扇门，需要大人们走近他们，等待他们的邀请，去开启那扇心门，与他们一道去经历生命中的花开花落，云卷云舒，尊重与理解他们，爱与呵护他们，陪伴与拥抱他们，让他们的生命洒满阳光，信心满满地行走在自己的人生道路上！

高中特色班学生的学习心理特征分析

青岛市实验高级中学　张晓梅

一、引言

目前很多高中设有各种特色班，在中考录取的时候居各高中录取线的最前端，所以入学分数上占优势，这些学生组成学校的几个特色班。笔者所在的学校也有这样的班级。这些班级实行定期滚动制，会卡着文理分科等节点，根据考试位次调整一小部分学生。因此，特色班的学生有一些显著的特点。本文的目的在于通过其中一个特色班的学习因素分析，抛砖引玉，举一反三，以便准确地把握他们学习心理特征的脉络，为教师的教学和引导提供参考依据，有的放矢，使教育更加优质化。

二、研究方法

调查对象：青岛十五中（青岛实验高中）高一 2班（特色班）的64名学生。发放问卷64份，收回有效问卷64份。

调查工具：经过初步了解学生的实际情况，在校领导、班主任和多位任课老师的指导下，有针对性地设计了影响学生成绩的有关因素的自制调查问卷。在问卷中，涉及学生的学习动机、学习目标、学习兴趣、学习方法以及对待学习和他人的态度等一系列因素，共有20小题。

调查方法：以团体测验的方式进行。

三、 结果与分析

调查问卷涉及学习心理的各方面，以学习动机、兴趣、方法、态度四个方面最具代表性。下面是其数据分析。

表1　学习动机调查（N=64）

	为老师、家长而学习	为有和别人比较的资本	单纯为了考大学	积累知识，为今后发展做准备	立志成为人才，为社会做贡献	其他动机
人数	9	10	16	40	11	10
比例	14.1%	15.6%	25%	62.5%	17.2%	15.6%
名次	6	4	2	1	3	4

由表1可以看出，此特色班的学生总体有较为良好的学习动机，这也是班级成绩较为优秀的原因之一。其中62.5%的学生是在“积累知识，为今后发展做准备”。但我们应看到，有相当一部分学生动机并不明确和端正。有25%的学生是“单纯为了考大学”，也就是说他们只是在完成一个任务，而没有考虑今后的发展。而在这些单纯以升学为目的的学生中，62.5%的学生成绩是处于这个班中下游水平的。另外有14.1%的学生是 “为老师、家长而学习”的。还有15.6%的学生是为了“和别人比较”，是在一种虚荣心的驱使下学习的。

表2　造成学习兴趣不高的原因调查（N=64）

	感到课程本身乏味	不喜欢任课老师	课程难度太大	很用功却成绩不高，情绪很受打击	其他原因
人数	36	26	14	16	10
比例	56.3%	40.6%	21.9%	25%	15.6%
名次	1	2	4	3	5

由表2可以看出，在影响学习兴趣的主要因素的调查中，有63.5%的学

生认为“课程本身乏味”是主要原因，有40.6%的学生是因为“不喜欢任课老师”，有25%左右的学生认为“课程难度太大”或是“很用功却成绩不高，情绪很受打击”。还有15.6%的学生给出了其他原因，包括老师的教学经验少，布置作业多，老师对优生和差生态度截然不同，课程本身属于“副科”等原因。

表3　学习方法来源调查（N=64）

	完全根据自己学习体会进行总结	参考其他同学的方法，结合自己实际	综合老师、家长与优秀同学的经验，取其精华、去其糟粕	完全照搬优秀同学或师长介绍的方法	其他来源
人数	41	20	18	0	0
比例	64.1%	31.3%	28.1%	0	0
名次	1	2	3	4	4

由表3可以看出，全班有64.1%的学生认为好的学习方法应该“完全根据自己的学习体会进行总结”，有31.3%的学生会“参考其他同学的方法，结合自己实际”，而只有28.1%的学生会选择“综合老师、家长与优秀同学的经验，取其精华、去其糟粕”这个最为全面的途径。

表4　对待学习成绩进步的态度调查（N=64）

	骄傲自满停滞不前	短期内松懈努力程度下降	和原来差别不大	以此为动力更加刻苦努力
人数	1	18	34	14
比例	1.6%	28.1%	53.1%	21.9%
名次	4	2	1	3

由表4可以看出，在“学习上取得一点成绩时，你会怎样表现”这个问题上，53.1%学生都会表现得“与原来差别不大”。而各有25%左右的学生会“短期内努力程度下降”或是“以此为动力，更加刻苦学习”。

表5　对待学习上的挫折的态度调查（N=64）

	失去信心怀疑自己	经过短暂的消沉，很快从阴影中走出来	不当回事儿，继续投入到学习中	总结经验，改进不足，加倍努力
人数	1	29	23	19
比例	1.6%	45.3%	35.9%	29.7%
名次	4	1	2	3

由表5可以看出，当“遇到挫折”时，接近一半的学生会“经过短暂的消沉，很快从阴影中走出来”，其次是“不当回事，继续投入到学习中”，也有29.7%的学生会“总结经验，改进不足”。可见多数学生的心态都较为正常，态度端正。

四、思考与建议

1. 关于此次调查的思考

（1）自信，对自己的未来和学习状况充满信心。

这个阶段的高中生精力充沛、血气方刚，反应敏捷，上进心强，不安于现状，颇具初生牛犊不怕虎的劲头儿。他们对未来满怀希望，乐于开拓。在问及“你短期内的学习目标”这个问题时，有26.6%的学生要“保持或力争班级前茅”，而这其中的29.4%的学生现在处于中游或中下游。有75%的学生要“在当前位置上有较大突破”或“有所突破”。只有10.9%的学生要“保持现状”或“任其发展”。可见，总的来说这个班学生的心气很足，给自己定了较高的目标。作为特色班的学生，他们一直享受的是比普通班学生更多的关注和更深层次的培养。那么从成绩的反馈也可以看出他们对自己的信任程度。这对他们以后面对学习中遇到的各种问题和突发事情有了很好的指导作用。

（2）自我意识增强。

高中生正处在心理上脱离父母的时期，随着自我意识日益成熟，独立思考和处理事物能力的发展，高中生在观念与行动上表现出强烈的自主性。全班有68.8%的学生认为“学习方法的好坏是影响成绩高低的一个重要因素”，而64.1%的学生认为好的学习方法应该“完全根据自己的学习体会进行总结”，有31.3%的学生会“参考其他同学的方法，结合自己实际”，而只有28.1%的学生会选择“综合老师、家长与优秀同学的经验，取其精华、去其糟粕”这个最为全面的途径。这就充分体现了当代高中生的自主意识的增强，说明他们喜欢独立自主地去处理事情，宣扬自己的主张。而在对待他人的态度问题上，也都表现得较为冷静，即使对待学习成绩优秀的同学，也不刻意模仿，只是有选择地借鉴一些东西，总保持着一定距离。

而在被问及“如果你感到自己离好学生的标准有差距，你会怎样做”的问题时，大多数学生表示要找出差距，虚心请教，但绝不是完全效仿。而有一半左右的学生在努力的同时，强调不能被好学生的标准所束缚，而要以自己心中的目标为努力方向。很多学生说只要自己觉得做得令自己满意，达不到好学生的标准也无所谓。他们认为，好学生的标准不是固定的。他们眼中的好学生与老师眼中的好学生差别较大。他们认为老师就喜欢学习好又听话的，而这些人往往在多数同学看来是“书呆子”。他们认为好学生首先要思想好，有人缘，其次是学习好，还有一个非常重要的方面就是不死板，要有自己的个性。有几个同学提到“不要太在意差距，要表现出真实的自己”，充分体现了他们的个性。

这是一个张扬个性的年代，有个性是一件好事，它就像一张名片，标志着一个人与众不同的地方。其实老师也喜欢有一点个性的同学，那样的学生不死板，教起来也有新鲜感。从这个角度说，同学们觉得老师眼中的好学生的标准并不是很准确。但是，这并不是说学生越有个性越招人喜欢，任何事情都应有度，如果个性过了头那就是调皮捣蛋了，学生们也应该把握一下这个度。

（3）在学习上经常偷懒，完不成既定目标。

由于现在的中学生成长的环境和家庭条件都是较为优越的，在家都是娇生惯养，很少做家务，更不用谈体力劳动了。因此他们也很少体会到辛劳之苦，也害怕吃苦，学习的强度稍大一些，他们就吃不消，埋怨不止。特别是在特色班中，头脑聪明灵活的学生很多，他们常常偷懒，平时不太努力，而到考试前突击，凭借头脑灵活的优势临场发挥，往往还能取得不错的成绩。因此他们自以为边玩边学便可以应付，就更放松了。有占总数84.4%的绝大多数学生认为“懒惰”是“造成学习成绩下降的主要因素”，还有超过一半的学生认为“贪玩”也是主要的原因。殊不知这样基础打得不牢，对自己将来的高考很不利。而且，如果他们一直这样放纵下去，“惯性”太大，将来到真正需要努力的时候还难以收回爱玩的心，吃亏的只能是自己。因此，他们很多人没有十足的学习动力，常常在家长、老师逼迫的状态下学习，因此即使有不错的成绩，也很难保持稳定，倘若家长、老师有所松懈，他们的成绩就有可能下降。

（4）自我评价日渐成熟，他人评价有待提高。

高中生的自我评价渐趋成熟。能比较全面、客观、辩证地看待自己，能认识到自己较稳定的个性心理品质，能独立地评价自己的内心品质，评价同学的动机与效果的一致性。能认真地找出自己学习上存在的问题，不避讳，不遮掩，对自己有一个清楚的认识。对待学习成绩优秀的同学的态度比较端正，会找不足，补缺点，继续前进。

但是在对待一些年龄上与他们有“代沟”的老师的问题上，他们会有这样那样的意见。有的任课老师比较严厉，有时会惩罚学生，于是他们就产生了强烈的抵制情绪，以致影响了这门课的正常学习。这其中当然有老师的原因，作为老教师，教学方法很难在短时间内有所改变，但他有着很高的学识，他教的课的质量还是相当高的。但是如果是仅仅因为不喜欢某一个任课老师，而影响自己的成绩，那是相当不值得的，也是有些愚蠢的想法。毕竟学习是为自己学的，与自己的前途和未来的发展是息息相关的。作为特色班的学生，学习成绩优秀，往往自以为有了和老师“叫板”的资格，当然这其中包括学习上的争论，这是好现象，但有时课下表现出来的对老师的不满就有些过了。

2. 建议

（1）肯定学生的优点，鼓励他们继续发扬长处，调整良好的心态。

自信而又热情地对待自己的学习，积极地看待学习成绩和学习能力的关系，引导学生正确认识成绩和自己的名次。只要和自身做比较，每天都在进步，那么他就是一个成功的人。在学习中给自己创造提高自信的机会。比如，给自己一个不是很难的目标，尽力完成。比如，在自己擅长的领域，做到更好。比如，每天给自己一些积极的鼓励和暗示。自身条件的优势加上良好的心态，一定会事半功倍。

（2）提高自我意识和正确评价自己和别人。

在考虑自己的意见的同时，关注一下周围的环境和其他人，多思考、多观察，再做决定。克制自己的情绪，冲动很容易做出错误的判断。多积极寻找别人身上的优点，这样每个人都是值得学习的榜样。在评价别人的时候，不以自己的主观喜好为依据，要做到全面、客观。

（3）社会、家庭和学校一起为孩子的教育提供良好的环境。

教育是一项全方位工程。作为社会和家庭，应该尽自己所能为孩子的教育提供一个更好的环境，拓展学校教育的效果。应提供一个良好的评价机制，对人才的评价机制，使学生掌握好人生的方向，学习更有实际意义。

参考文献：

［1］ 邵瑞珍. 教育心理学［M］. 上海：上海教育出版社，1983.

［2］ 葛明贵，晋玉. 中学生英语学习策略水平及其与英语学业成绩的相关研究［J］. 心理科学，2005，28（2）.

关注学生优势　指导生涯发展

青岛市实验高级中学　张晓梅

白金汉在《现在，发现你的优势》一书中提出："一个人要想成功，在于最大限度地发挥他的优势，而不是去弥补他的弱点。"这句话很契合生涯指导老师的工作理念，尤其今年山东省正式进入新高考改革，实行"六选三""两依据一参考"，核心就是让学生拥有选择权，依据自我的优势个性成长，自由成长，所以，我们在指导学生寻找自己的发展道路的时候，需要引导他们去关注个人优势。

就像每个人外貌不同一样，任何一个学生，都潜藏着独一无二的个人特质，都有自己独特的优势，而这种特质和优势没有好坏之分，只是展现形式不尽相同。所以我们的生涯指导工作尝试以"优势"为主题，以"发现优势""尊重优势""引导优势""强化优势"为主线铺开，师生匹配，家校联合，为学生的自我规划提供支持。

一、建立优势意识

我们通常意义上认为的学生的"不听话"，其实是其思维活跃和不惧权威的体现，在班级活动中，他们往往是骨干力量。而"沉默寡言，不喜欢交往"的学生，我们会给其加上一个"孤僻"的结论，事实上恰恰是他们的内省、自律在起作用，在他们擅长的领域内，往往能表现出持续的兴奋和极大的热情。

正因为学生拥有各种各样的特质，我们的校园才能百花齐放，如果我们以功利的眼光去看待、以刻板的标准去衡量，就很难找到指导他们发展的契机。

悦纳每一位来到我们校园内的学生，发现他们的特质，并用积极的眼光去看待，我们称为优势意识。而对学生优势的发现与理解，是学生个性成长的基础。

二、发现学生优势

基于学生个性成长的理念和优势意识的建立，在教育实践中，依靠教师积累的个人经验发现学生优势，已经不能满足当下新高考紧迫的需要，所以我们引入了“高中生个体优势倾向”测评系统作为辅助工具。在数据化的测评结果中，生涯指导教师从中解读到学生身上与众不同的优势，结合个人经验，使得对学生的观察更清晰、更深入；而多样的测评维度，让老师们以全新而又全面的视角重新认识学生。

视角的变化，带来的是老师对每一个学生发自内心的理解和欣赏，当我们不再以管理者的眼光看待他们时，他们能够迅速感知到并做出积极的回应。理解与欣赏让老师们对学生的个性差异有了真正的尊重。

三、尊重优势

发现优势是个性成长的基础，相应的，尊重优势则是学生个性得以保持的前提。我们认为，用既往的思路去评判学生的“好”与“坏”，本质上是一种惰性思维的体现，例如以往我们力图杜绝的“不听话”，其实原本就是学生优势的另一种呈现形式，也是学生在其他领域表现优秀的基石。

尊重优势，要求教师完成“教”与“育”观念的转变，真正建立起依据优势而成长的概念，使我们能尽量客观地看待和理解学生的行为和思维方式，不再被片面的现象所误导。基于优势意识的前提，我们的老师在学生任何行为面前，首先想到的是这个行为反映了学生什么样的特质，发生在什么样的情境下能够产生正面的结果，应该如何鼓励和引导，如果有负面的影响，应该如何去规避和化解。

此外，在知识和技能方面我们固然优于学生，但每个学生身上所展现的优势同样是我们不曾具备的，这样的视角催生了师生间“朋友”“伙伴”的关系，也让我们的老师真正走进学生心里。在我们眼中，并没有好学生、差学生的区别，只有优势的不同。

四、引导优势

优势意识让我们读懂学生，从而能够有意识地为学生打造专属的成长路径。主要体现在以下方面。

1. 3+3选科

新高考形式下的3+3选科，本质上是将学生个性优势与未来发展方向相匹配。我们从发现学生个体优势倾向入手，依据个性差异化结果，首先为每个学生匹配出当前形势下的多个“职业适应性岗位”，再由此提炼出与每个职业岗位相匹配的大学专业，最终依据各高校公布的相关专业选考科目，在匹配学生优势的前提下，最终确定出每个高中生个体的3+3的选科结果。

这样既给学生一个相对宽松的选择空间，又保证了成长方向的准确性，简单讲就是：个性匹配岗位、岗位匹配专业、专业匹配选科，我们将此总结为：立足优势，设计未来，反推当下。

2. 学校生涯规划课程

对于新高考背景下学生的个性化成长而言，选科只是其中一步，学生对自身优势的认识、对社会的认识、对未来目标的选择、通路达成中的变数影响等，都需要系统的解决方案。开设生涯规划课程是我们学生个性成长的又一助力。

我们认为，学生们能够真正意识到生涯规划对于自身的价值所在，并且愿意践行，喜欢是先决条件。如果生涯课最终上成物理化学课，成为学生的负担，那就失去了生涯驱动的意义。做到让学生喜欢并且践行，仅靠知识的灌输是不够的。

首先在形式上我们的课程是由大量的活动与互动构成的，在优势意识的前提下，“模拟面试官”“我是班主任”“梦想管理局”“家长面对面”等互动项目让学生由被动接受知识变为体验感受，由体验而喜欢，由喜欢而认同，由认同而践行。

其次，在内容上我们与日常的教学生活相结合，强调实践性而弱化了理论性，更符合高中生的认知水平和需求，以学生们乐于接受和实践为标准，简单有效。

第三，充分与社会机构、高校、企业、媒体等展开合作。走出去，引进来，用更多的手段为学生的视野提供宽度。我们的游学计划如火如荼，TED演讲方兴未艾，社会热点人物也经常被邀请为学生们带来新的认知。广泛的合作是学生们认知社会的有效保障。

所以在生涯规划课程方面，我们的做法是：趣形式、重实践、大视野、广合作。

3. 全员育人导师

新高考改革形势下，如果说优势意识在学生层面主要体现为选科和生涯规划，那么在教师层面则集中体现为导师制的建立和完善。教师由注重传授知识的“教师”角色，强化为注重学生个性成长的“导师”角色。

将优势意识融入指导学生成长的方方面面，我们的导师会和学生一起，定制其专属的选课方案和成长路径，发现学生的内在驱动力，完成情绪波动的有效疏导，甚至有意识地因学生不同而采用不同的沟通方式，让交流更有效率。

例如，高一某班有个女生，初中时成绩还可以，但她有个很明显的特点一直是老师不接受的，就是她说话很直接，喜欢发表自己的看法，往往不太顾及听者的感受，哪怕面对老师，她也显露出这样的状态。尽管她很聪明，但在初中时一直没有得到重视。升入实验高中以后，报到的第一天，她的这种个性就显露出来，我们的班主任老师很敏感地发现了。于是尝试安排她帮助新生入校，结果就如预期，她把新生入校那么多繁杂的事务安排得井井有条，而且被她安排的学生们都很满意，弄得本来应该挺忙的班主任没事情做了。后来在她的优势倾向报告里我们看到，这个学生在思维方面的优势很明显，她很多的决策往往都具有合理性。更重要的是，她在影响他人方面优势更强大，有欲望而且有能力去让别人按照她的思路去完成。这就是她的优势。这样的学生，很多时候显得并不合群，但在关键时刻，她的意见却总是被身边的人采纳。而在学业方面，她的这种优势倾向很适合未来从事类似于企业管理方向的工作，她的职业适应性岗位和相应的大学专业也就有了比较清晰的方向，3+3的选科方案也就不迷茫了。针对这种情况班主任和生涯专家都和她做了深入的沟通，学生和家长非常认同。开学两个多月，在有意识的引导下，这个学生的其他优势也越来越明显，学习积极性也显著增强，有了目标，现在在老师引导下张扬自己的个性，有用武之地也就有了成就感，学生非常快乐。

与此类似，更多学生所具备的个性化优势，也在导师的引导下，用学生能够理解和喜欢的方式转化到学业方面。“不听话”仅仅是表象，而本质是学生自主意识的张扬，需要老师真正触及心灵的发现与帮扶，当学生成为核心，而读懂学生的老师们，依学生个性有针对性地改变沟通与帮扶技巧时，引导才真正具有意义。

五、强化优势

我们之前探索实施分层选课走班，实现“一生一课表”，为每个学生构建最近发展区，通过构建“行知合一”的课程体系，搭建各种比赛的舞台，进行寒暑假职业体验实践等方式，给予每个学生充分发展的空间。

优势意识不仅在校内得以落地，“家校联合”也把学生个性成长理念传递到学生的家庭，并不是简单地让家长教育学生，而是与家长一起，了解学生、读懂学生，定制匹配学生特点的教育方法，让学生在学校与家庭环境中均能感受到同样的氛围，弱化教育的功利性，注重学生的生命成长和精神成长，把学生和家长从应试教育的牢笼里解脱出来。

六、优势意识的进阶探索

在工作中，如果能以个体优势为依据，以“沟通顺畅”“相互理解”“相互欣赏”为目的，把思维方式、行为方式、沟通方式均相似的师生匹配起来，将会极大地提高教学和学习效率。当然，目前“师生匹配”仍在探索当中，我们会在实践中继续加以验证和完善。

水之美在于清，酒之美在于醇，外表相似的事物往往有着巨大的内在差异。我们的学生也是如此，每一个学生都具有独特的潜在优势，应探查并发现学生的优势倾向，并将之与个性化教育相结合，在学生成长的道路上着力做到“是水则弥清、是酒则至醇、是马则驰于旷野，是鹰则翔于九天”。

高一新生自我同一性、心理韧性与职业成熟度的关系

青岛第三十九中学　董勇燕

一、引言

职业成熟度（career maturity）是指个体做出明智的、适合年龄的职业决策和处理适当的职业发展任务的准备程度。它在所有年龄阶段与各界人士的职业生涯发展中扮演着中心角色，反映了个体职业决策能力的成长过程。Crites等人的研究表明，职业成熟度水平的高低能够很好地预测个体的职业生涯发展和行为。近年来国内在借鉴国外研究的基础上进行了许多本土化的研究，为推动职业生涯发展理论与青少年职业心理教育工作做出了重要贡献。但是，目前国内研究的绝大部分被试都集中于大学生这一群体，关于高中生职业成熟度的研究比较匮乏。中国台湾学者黄德祥根据莱门茨的生涯发展理论和学校教育实际总结出了生涯教育的五个阶段，其中，初中三年级到高中一年级是个人生涯定向的阶段，主要任务包括：掌握有关的职业知识，能评价工作角色；进一步澄清自我概念、探索自我，了解社会需求及个体发展需求，发展社会可接受的行为；了解生涯计划与社会需求、自身需求的关系。结合职业生涯理论与工作实际，高一阶段是学生职业生涯发展的关键期和转折期，此阶段学生所达到的生涯发展水平直接关系到他们的学业和未来工作的发展。因此，本研究旨在探讨影响高一新生职业成熟度的心理因素，为高中职业生涯辅导工作提供依据。

自我同一性（ego identity）是个体在寻求自我发展的过程中，通过与社会及文化环境的相互作用形成的对自我的确认和对有关自我发展的一些重大问题诸如理想、职业价值观、人生观的思考和选择。青少年的自我同一性是其心理社会发展的中心统和结构。青少年如果达到个人过去、现在与未来所有心理层面的自我同一，他们便相应地了解了自己的职业兴趣、职业能力，积极主动地探索自己适合的职业领域并果断做出适合自己的生涯规划与决策。国内学者从实证研究的角度探讨国内青少年自我同一性与职业成熟度的关系相对丰富，不同自我同一性地位的大学生、高职生、中职生和中学生的职业成熟度状况均存在差异。

综合来看，个体的自我同一性的发展水平对其职业成熟度有着重要的影响，自我同一性的形成水平越高，职业成熟度也就越高。不过，值得注意的是，上述研究主要考察的是自我同一性与职业成熟度的关系，并未有研究深入探讨自我同一性对职业成熟度的影响机制。

心理韧性是个人面对生活逆境、创伤、悲剧、威胁或其他生活重大压力事件的良好适应，它意味着面对生活压力和挫折的“反弹能力”，包括个人力和支持力两个成分。心理韧性水平高的人能够为了实现自己的期望设置现实的目标，同时相信自己有能力解决问题，并可以做出深思熟虑的决定。在心理韧性的社会建构模型中，心理韧性被看作个体在建构自我同一性时形成的能力品质，具有良好的自我同一性发展水平的个体也会有高水平的心理韧性来面对与处理生活中的压力与困难。此外，曾昱和沐守宽的研究发现，成就型同一性正向预测心理韧性弥散型同一性负向预测心理韧性。虽然国内对心理韧性和自我同一性的研究并不多，但是无论从理论背景还是前期实证研究看，自我同一性与心理韧性之间可能存在着较为密切的关系。

目前，国内有少量关于大学生和医学高职生心理韧性和职业成熟度关系的研究，虽然关于两者关系的研究并不多，但出现了两个相互矛盾的结论。赵科等和王玉花的研究结果表明职业成熟度能够预测心理韧性；杜旸对医学高职生的研究结果发现心理韧性可以预测职业成熟度。本研究倾向于认为职业成熟度能够预测心理韧性，理由如下：国内外学者的调查研究结果显示，自我效能、应对和适应是与心理韧性相互关联的几个内部因素。心理韧性可以预测其个体的自我效能感，具有高自我效能感的个体又可以预测自己能够胜任的职业范围，而且有很多研究证明自我效能可以预测职业成熟度。应对是个体用来适应不断发生变化的环境与面对生活中的不利情况，心理韧性高的个体会更有信心地应对逆境，并采取系统的解决问题的方法和策略，当然心理韧性水平高的个体面对自己的生涯发展问题也会更有计划和信心。心理韧性的另一个成分是支持力，包括家庭支持和人际协助两个因子。具有良好的家庭支持和人际支持的个体，他们在职业发展道路上会得到很大的支持力量，高中阶段的学生由于缺乏实践，他们需要通过亲人或熟识的人获取相关的职业知识。基于此，本研究认为，心理韧性与职业成熟度关系密切，且可以预测其职业成熟度。

总结以上实证研究的结果和相关理论，本研究假设为：高一新生的自我同一性一部分直接影响其职业成熟度，一部分通过心理韧性间接影响其职业成熟度。

二、方法

1. 被试

随机选取青岛市某高中学校入校一个月左右的高一新生143人，其中男生63人，女生80人。被试的年龄为14～16（M=15.09，SD=0.50）岁。

2. 研究工具

（1）自我同一性地位量表

自我同一性测试量表采用由加藤厚1983年编制、张日昇教授1989年修订的量表。测查项目由“现在的自我投入”“过去的危机”“将来自我投入的愿望”3个量表尺度组成。本量表共计12个测查项目，采用6级评分（1. 完全不是；2. 相当不是；3. 大体不是；4. 大体是；5. 相当是；6. 完全是）。在本研究中，该量表的α系数为0.82。

（2）青少年心理韧性量表

青少年韧性量表由胡月琴、甘怡群于2008年在原英文版青少年心理韧性量表的基础上编制与修订。量表分为5个维度，分别为目标专注、情绪控制、积极认知、家庭认知和积极协助。该量表共有27个题目，采用5点计分的方法（1. 完全不符合；2. 比较不符合；3. 说不清；4. 比较符合；5. 完全符合）。本研究中该量表的α系数为0.86。

（3）中学生职业成熟度量表

本研究采用的是西南师范大学刘慧编制的中学生职业成熟度量表。此量表有两个分量表：职业决策知识量表和职业决策态度量表。职业决策知识量表包括职业自我知识和职业世界知识两个因子，职业决策态度包括主动性、独立性、稳定性、功利性和自信心五个因子。此量表共32个项目，其中两个项目（第20题和第31题）是测谎题，以提高筛选有效问卷的效率。量表采用5点计分（1. 很不符合；2. 较不符合；3. 中等符合；4. 比较符合；5. 非常符合）。本研究中职业决策知识、职业决策态度与总量表的α系数分别为：0.84、0.83、0.90。

3. 统计工具

研究使用用SPSS17.0对数据进行整理和分析。

三、结果

1. 高一新生自我同一性、心理韧性与职业成熟度的相关性分析

自我同一性因子、心理韧性（总分）与职业成熟度及其职业知识和职业态度相关分析结果见表1。

表1　自我同一性因子、心理韧性与职业成熟度（职业知识与职业态度）三者之间的相关关系

	1	2	3	4	5	6	7
1现在投入	1						
2过去危机	0.370***	1					
3将来愿望	0.666***	0.427***	1				
4心理韧性	0.547***	0.970	0.519***	1			
5职业态度	0.589***	0.241**	0.533***	0.534***	1		
6职业知识	0.634***	0.242**	0.452***	0.458***	0.696***	1	
7职业成熟度	0.666***	0.262**	0.530***	0.534***	0.902***	0.937***	1

注：$*p<0.05$，$**p<0.01$，$***p<0.001$，下同。p值小于0.05表示0.05水平下显著；p值小于0.01表示0.01水平下显著；p值小于0.001表示0.001水平下显著。

从表1可以看出，职业成熟度和职业成熟度的不同方面（职业态度和职业知识）与自我同一性的各因子、心理韧性存在显著正相关；自我同一性的两个因子现在投入和将来愿望和心理韧性显著正相关，其因子过去危机与心理韧性相关不显著。

2. 自我同一性因子对职业成熟度的回归分析

以职业成熟度为因变量，自我同一性三个因子为自变量，进行enter回归分析，结果如表2所示：

表2　自我同一性因子对职业成熟度的预测情况

因变量	预测变量	R^2	ΔR^2	β	t
职业成熟度	现在投入	0.457	0.446	0.565	6.725***

结果显示，自我同一性的三个因子只有一个因子现在投入对职业成熟度预测作用显著。

3. 心理韧性在自我同一性因子现在投入与职业成熟度的中介效应检验

由相关分析和回归分析的结果可知，高一新生的自我同一性因子现在投入对职业成熟度有显著的预测作用，且现在投入因子与心理韧性、心理韧性与其职业成熟度均显著相关，满足了中介效应的检验标准。为此，下面采用强迫进入的分析方法检验心理韧性在自我同一性现在投入与职业成熟度之间的中介作用。

首先，以自我同一性因子现在投入为预测变量，对职业成熟度进行回归分析（表3回归方程1）；其次，以现在投入为预测变量，对心理韧性进行回归分析（表3回归方程2）；最后，同时以现在投入和心理韧性为预测变量，对职业成熟度进行回归分析，以观察值的变化（表3回归方程3）。图2为回归分析的标准化回归系数。

表3　心理韧性在自我同一性现在投入因子与职业成熟度之间的中介作用分析

自变量	R^2	ΔR^2	β	t
回归方程1现在投入	职业成熟度			
	0.443	0.439	0.666	10.598***
	F（1，141）=112.321，p<0.001			
回归方程2现在投入	心理韧性			
	0.300	0.295	0.547	7.765***
	F（1，141）=60.289，p<0.001			
回归方程3现在投入	职业成熟度			
			0.534	7.359***
心理韧性	0.484	0.477	0.242	3.332***
	F（2，140）=65.738，p<0.001			

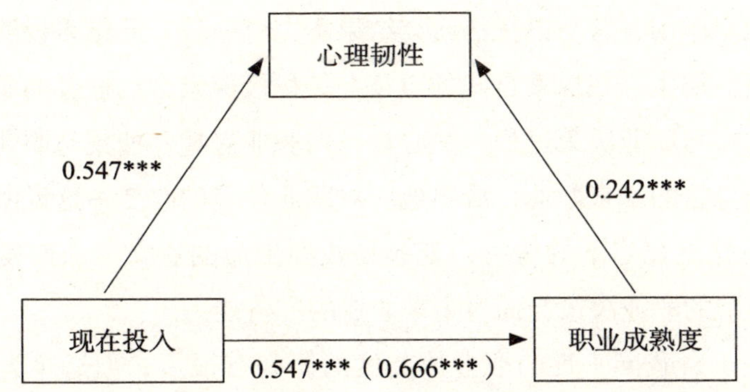

图1　现在投入与职业成熟度的关系及心理韧性的中介作用（括号内为方程1的结果）

由图1可以看出，现在投入是职业成熟度的有效预测因素，并对心理韧性具有显著的预测作用（β=0.547，p<0.001）。心理韧性对职业成熟度也具有显著的预测作用（β=0.242，p<0.001）。心理韧性进入回归方程之后，现在投入对职业成熟度的预测作仍然显著，但贡献率呈现一定下降趋势，β值得变化为0.132，提示心理韧性在其中发挥了部分中介作用，中介效应分别为0.547×0.242=0.132，占总效应量的19.8%。可见，自我同一性的现在投入因子可以直接作用于高一新生的职业成熟度，也可以通过心理韧性间接作用于高一新生的职业成熟度。

四、讨论

本研究考察了高一新生自我同一性与职业成熟度的关系及影响机制。回归分析发现只有高一新生自我同一性的现在投入因子对职业成熟度具有显著的预测作用。进一步用中介效应检验探究自我同一性的现在投入因子对职业成熟度的关系得出，自我同一性的现在投入既可以直接作用于职业成熟度，也部分通过心理韧性间接作用于高一新生的职业成熟度。

本研究的数据显示，自我同一性的三个因子与职业成熟度及其两个方面（职业知识和职业态度）均显著正相关，这与以往的研究结果是一致的。但两者的回归分析结果显示，只有“现在投入”因子对职业成熟度有显著的预测作用，这与以往的研究结果不完全一致。此结果说明，现在投入较多的高一新生，在探索自我的道路上，积极探索自己适合的职业方向，积极主动地参与职业决策过程，关心自己的职业兴趣并搜集与职业相关的知识，来规划自己的未来职业，成熟地应对职业环境的改变。这说明青少年积极探索自我并重视当下的努力，就容易找到生命的意义，从而发展出睿智的、适合年龄的职业决策与面对未来职业的准备能力。

目前关于自我同一性与职业成熟度的研究有很多，但迄今为止并未出现探讨自我同一性对职业成熟度的影响机制，此研究填补了这一空缺。中介效应检验的结果显示，心理韧性在自我同一性现在投入因子与职业成熟度间起部分中介效应，这表明自我同一性的现在投入因子不仅直接影响职业成熟度，还通过心理韧性间接影响其职业成熟度。对于刚入学一个月的高一学生来说，面临学习、生活及人际等方面的压力，现在投入越多的学生，心理承受能力就会越强，随着心理韧性的提高，他们能够了解自身的缺点，并能认识与肯定自己的优势，从而付出努力弥补其缺点，发挥其优势，所以他们对待生涯的规划和选择也会更积极，更能结合自己的能力和兴趣，而不是盲从或出于功力的原因去选择职业。所以，本研究的发现具有一定的实践意义。研究结果给教育实践带来一定的启示，中学阶段教师和家长应该支持学生对自我的探索和认识，不能一味地以学习为重，认为考上好大学就可以有美好的未来，生涯的规划与职业的选择是需要结合自己的兴趣爱好、性格特点等对自我的认识与了解的，而不是单纯靠学习成绩。此研究结果还希望学校家长能重视培养学生的心理韧性，提高对压力和困难的应对能力，这样学生在面对职业选择等问题的时候可以找到合适自己的职业，对自己的生涯有更好的规划。

研究者建议高中阶段的教育重视心理课程的开设，并在此课程中丰富探索自我、应对挫折、生涯辅导等课程，引领学生积极主动地认识自我、探索自我，增强学生应对压力、挫折的信心，并带领学生认识形形色色的职业，确立其职业价值观，为未来职业生涯发展做好准备。

五、 结论

（1）高一新生自我同一性的三个因子与职业成熟度及其职业知识和职业态度均呈显著正相关；

（2）自我同一性的现在投入和将来愿望因子与心理韧性呈显著正相关；

（3）心理韧性与职业成熟度及其分量表（职业知识与职业态度）也存在显著正相关；

（4）自我同一性的现在投入因子对职业成熟度有正向预测作用；

（5）心理韧性在自我同一性的现在投入因子和职业成熟度中起部分中介作用。

参考文献：

［1］ Savickas M L. Measuring Career Development. Current Status and Future Directions［J］. Career Development Quarterly, 1994, 43（1）.

［2］ Borges N J, Richard G V, Duffy R D. Career Maturity of Students in Accelerated Versus Traditional Programs［J］. Career Development Quarterly, 2007, 56（2）.

［3］ Crites J O. Measurement of Vocational Maturity in Adolescence［J］. Psychological Monographs, 1965, 595（9）.

［4］ 黄德祥. 青少年发展与辅导［M］. 中国台北：五南图书出版公司，1991.

［5］ 李亚真，叶一舵，潘贤权. 大学生生涯成熟状况及与自我同一性关系研究［J］. 心理科学，2008，31（2）.

［6］ 王翠荣. 高职学生自我同一性及其与生涯成熟度，学习投入的关系研究［J］. 教育与职业，2012 （20）.

［7］ 潘环仙. 中职生自我同一性对职业成熟度的影响［D］. 北京：首都师范大学，2008.

[8] 吕巧娟. 中学生情绪智力, 父母教养方式, 自我同一性与生涯成熟度的关系研究[D]. 上海: 上海师范大学, 2010.

[9] 胡月琴, 甘怡群. 青少年心理韧性量表的编制和效度验证[J]. 心理学报, 2008, 40(8).

[10] Brooks, Goldstein S. Raising Resilient Children: Fostering Strength, Hope, and Optimism in Your Child[M]. Contemporary Books, 4255 West Touhy Avenue, Lincolnwood, 2001.

[11] 缪胜龙. 国内关于心理弹性研究取向的综述[J]. 社会心理科学, 2012, 27(5).

[12] 曾昱, 沐守宽. 家庭功能与心理弹性的关系: 自我同一性的中介作用[J]. 漳州师范学院学报: 自然科学版, 2013(4).

[13] 赵科, 吕静, 刘建平, 张海清. 大学生生涯自我效能感心理韧性与职业成熟度择业焦虑相关性分析[J]. 中国学校卫生, 2013, 34(7).

[14] 王玉花. 大学毕业生职业成熟度与职业决策困难: 心理弹性的中介作用[J]. 湖北工程学院学报, 2013, 33(5).

附录

中学生职业成熟度量表

题目	很不符合	较不符合	中等符合	比较符合	非常符合
1. 对自己打算从事的职业（或打算报考的专业）了解全面	1	2	3	4	5
2. 不知道自己对哪些专业或工作感兴趣	1	2	3	4	5
3. 经常搜集就业或升学方面的信息	1	2	3	4	5
4. 知道自己能胜任什么工作	1	2	3	4	5

续表

题目	很不符合	较不符合	中等符合	比较符合	非常符合
5. 选择未来职业（或填报升学志愿）时，我倾向于让父母老师替我做决定	1	2	3	4	5
6. 我对自己正确选择职业（或专业）的能力缺乏信心	1	2	3	4	5
7. 知道从各类院校和专业毕业后可能从事哪些工作	1	2	3	4	5
8. 有些专业虽然我一点儿也不感兴趣，但只要好就业，我也会选择	1	2	3	4	5
9. 对于未来该选择什么工作或专业，我常常是一天一个想法	1	2	3	4	5
10. 不知道自己的性格特点适合干什么工作（或读什么专业）	1	2	3	4	5
11. 有意识地加强与理想职业（或专业）相关学科的学习	1	2	3	4	5
12. 听从老师或父母的意见来选工作或专业应该不会错的	1	2	3	4	5
13. 我觉得自己没能力规划自己未来的职业发展	1	2	3	4	5
14. 选工作或专业时，我（将）更多地考虑它是否热门，而不是自己的兴趣与能力	1	2	3	4	5
15. 不清楚自己喜欢什么样的工作环境	1	2	3	4	5
16. 选择未来职业（或填报升学志愿）时，虽然会参考父母老师的意见，但主要由我自己做决定	1	2	3	4	5

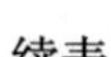

续表

题目	很不符合	较不符合	中等符合	比较符合	非常符合
17. 不知道如何根据自己的职业目标来填报升学志愿	1	2	3	4	5
18. 对与自己理想职业相关的专业和院校有所了解	1	2	3	4	5
19. 我觉得自己没能力解决实现职业理想时可能碰到的困难	1	2	3	4	5
20. 此题请直接选择第四个答案即“比较符合”	1	2	3	4	5
21. 不知道今后自己想从事什么工作（或想报考什么院校和专业）	1	2	3	4	5
22. 有些工作虽然不适合我，但只要待遇好，我就不会拒绝	1	2	3	4	5
23. 我的职业理想易随一时兴趣的转移而改变	1	2	3	4	5
24. 知道如何搜集升学和就业信息	1	2	3	4	5
25. 经常向他人了解自己想从事职业（或想报考专业、院校）的情况	1	2	3	4	5
26. 我怀疑自己没能力实现我的职业目标或人生目标	1	2	3	4	5
27. 关于未来该从事什么职业（或该报考什么专业），我的想法老是在变	1	2	3	4	5
28. 知道如何制订个人的学习和教育计划以最终实现职业目标	1	2	3	4	5
29. 在选择未来职业或专业问题上，我很依赖于父母老师的指点	1	2	3	4	5

续表

题目	很不符合	较不符合	中等符合	比较符合	非常符合
30. 极少与他人讨论自己在升学或就业方面的打算	1	2	3	4	5
31. 此题请直接选择第二个答案即“较不符合”	1	2	3	4	5
32. 对各种就业和升学的途径缺乏了解	1	2	3	4	5

青少年心理韧性量表

题目	完全不符合	比较不符合	说不清楚	比较符合	完全符合
1. 失败总是让我感到气馁	1	2	3	4	5
2. 我很难控制自己的不愉快情绪	1	2	3	4	5
3. 我的生活有明确的目标	1	2	3	4	5
4. 经历挫折后我一般会更加成熟有经验	1	2	3	4	5
5. 失败和挫折会让我怀疑自己的能力	1	2	3	4	5
6. 当我遇到不愉快的事情时，总找不到合适的倾诉对象	1	2	3	4	5
7. 我有一个同龄朋友，可以把我的困难讲给他/她听	1	2	3	4	5
8. 父母很尊重我的意见	1	2	3	4	5
9. 当我遇到困难需要帮助时，我不知道该去找谁	1	2	3	4	5
10. 我总觉得与结果相比，事情的过程更能帮助人成长	1	2	3	4	5

续表

题目	完全不符合	比较不符合	说不清楚	比较符合	完全符合
11. 面临困难，我一般会定一个计划和解决方案	1	2	3	4	5
12. 我习惯把事情憋在心里而不是向人倾诉	1	2	3	4	5
13. 我认为逆境对人有激励作用	1	2	3	4	5
14. 逆境有时候是对成长的一种帮助	1	2	3	4	5
15. 父母总是喜欢干涉我的想法	1	2	3	4	5
16. 在家里，我说什么总是没人听	1	2	3	4	5
17. 父母对我缺乏信心和精神上的支持	1	2	3	4	5
18. 我有困难的时候会主动找别人倾诉	1	2	3	4	5
19. 父母从来不苛责我	1	2	3	4	5
20. 面对困难时，我会集中自己的全部精力	1	2	3	4	5
21. 我一般要过很久才能忘记不愉快的事情	1	2	3	4	5
22. 父母总是鼓励我全力以赴	1	2	3	4	5
23. 我能够很好地在短时间内调整情绪	1	2	3	4	5

续表

题目	完全不符合	比较不符合	说不清楚	比较符合	完全符合
24. 我会为自己设定目标，以推动自己前进	1	2	3	4	5
25. 我觉得任何事情都有其积极的一面	1	2	3	4	5
26. 心情不好也不愿意跟别人说	1	2	3	4	5
27. 我情绪波动很大，容易大起大落	1	2	3	4	5

自我同一性地位量表

题目	完全是	相当是	大体是	大体不是	相当不是	完全不是
1. 我正在为实现自己的目标而努力	1	2	3	4	5	6
2. 我没有特别热衷的事情	1	2	3	4	5	6
3. 我知道自己是怎样的人，自己的希望和追求	1	2	3	4	5	6
4. 我没有“想干什么”的确切地想法	1	2	3	4	5	6
5. 我至今没有自主地对有关自己的事情做出过重大决断	1	2	3	4	5	6
6. 我曾认真深思过、苦虑过自己是怎样的人，该做些什么	1	2	3	4	5	6
7. 我不曾对按父母或周围的人所期待的生活方式感到有什么疑问	1	2	3	4	5	6

续表

题目	完全是	相当是	大体是	大体不是	相当不是	完全不是
8. 我以前曾对自己持有的人生观失去过自信	1	2	3	4	5	6
9. 我正在努力探求我所能投身的事情	1	2	3	4	5	6
10. 对于不同的情况，就是怎样我都无所谓	1	2	3	4	5	6
11. 对自己是什么样的人，能干些什么，我正在比较几种可能的选择并认真的考虑这些问题	1	2	3	4	5	6
12. 我不认为自己这一生能做什么有意义的事	1	2	3	4	5	6

中小学青年心理健康教师的职业困惑与对策

青岛第三十九中学　董勇燕

青年心理健康教师从高校走进中小学，需要完成学生到教师角色的转变。虽然政府部门与社会各界对学校心理健康工作的重视程度有所提高，但是在基础教育部门从教的心理健康教师依然面临很多的职业困惑。笔者结合自身从事中小学心理健康教师工作的经验，阐述青年心理健康教师面临的职业困难以及解决心理困惑的对策，希望对青年心理健康教师提供帮助和借鉴。

一、中小学青年心理健康教师面临的职业困惑

1. 学校全能“打杂员”，职业角色定位模糊

刚入职的心理教师充满对工作岗位的期待，有强烈的事业心和责任感，但是心理健康教育工作“说起来重要，干起来次要，应付检查重要，平常专业次要”的情况在多数学校或多或少地存在着，学校给青年心理教师安排工作时往往不会单纯地让其只承担心理教师的工作，而是有任教其他科目的，比如数学、化学、政治等，有承担办公室、教务处、学生处或者许多临时性的工作的，致使他们的工作时间被大量无关专业的事情占用。学校领导对心理健康工作实施方案的考虑也较少，对青年心理教师的培养和管理更少。加上心理健康教育是新生事物，发展起步较晚，学生与其他老师对心理健康教育也存在诸多误解，这些原因都导致青年心理教师对自己在学校工作中的作用、角色、工作职责把握不准，不清楚自己到底应该扮演什么角色以及该履行什么样的义务，这样的工作环境与内心纠

结，很容易挫伤其工作积极性，角色意识和角色荣誉感变得很模糊。

2. 单打独斗的“光杆司令”，社会支持系统不完善

心理健康教育工作是一项系统的工程，既需要学校领导的重视、其他学科教师的协助，又需要经费的保障。但在大多数中小学，心理健康教师配备人员较少，基本是单打独斗的“光杆司令”。缺少老教师的专业帮助与支持，同时因为没有中高考等成绩的压力，学校领导对心理健康教育工作的支持更是普遍偏低，所以中小学青年心理健康教师新入职场便面临着学校人际支持不足的现状。

入职后职业发展的资源匮乏，也是青年心理健康教师社会支持系统发展不完善的表现之一。心理健康教育工作是一种不断向前的发展事业，同时对于青年心理教师来说，咨询技术等专业知识的挑战是巨大的，缺乏专业的督导，专业的培训学习费用一般偏高，学校给予的支持很少，刚毕业的青年教师工资也偏低，所以很少有机会参加比较系统的培训，但学生求助的需要与自己自身本领的局限很容易造成“本领恐慌”。

3. 工作很难被“看见”，面临工作低成就感

很多青年心理老师将自己的工作定位在课堂与咨询上，但学校领导很少去听心理课，咨询也是具有私密性的，咨询的学生很少宣扬他今天去做心理咨询了，所以这两类工作相对来说是很难被看见的，学校领导和其他老师还会认为心理健康教育老师的工作无考试压力，所以相对轻松自在。这会导致心理教师做了大量的工作却没有被认可，所以造成低成就感。

学校心理健康教师从工作内容上来看，需要从咨询、辅导、测试、科研、生涯规划、宣传、咨询室布置等多个领域开展工作，需要成为多方面都了解的“全能型选手”。但青年心理教师刚接手工作时，往往无所适从，有计划地深入开展活动时，又时常碰到很多的阻力。比如青年心理教师想要策划一场心理剧大赛，单靠心理老师的力量是很难完成的，需要领导、班主任老师等的支持，在协调这些工作时往往力不从心，好的初衷有

可能不会有好的结果，这些现实的因素都会打击青年心理教师的积极性。

二、促进中小学青年心理健康教师专业发展的策略

1. 找准工作落脚点，准确定位职业角色

促进学生健康成长是学校工作的出发点和落脚点，青年教师应该根据学校的实际情况来定位自己的工作，拥有大局意识，明确自己的职业定位，做好成长规划。学校的事物可能很杂很乱，如果坚定了想成为一名优秀心理健康教育工作者的信念，就要为自己的目标付出努力，时刻要记得自己是学校的一名心理健康教师，要思考如何为学生、老师提供心理帮助，普及心理健康知识。

2. 完善自身，具备扎实的专业知识结构

作为一名学校的心理健康教师，具备扎实的专业知识结构，是职业发展的根本。笔者在工作之初做了如下准备：一是了解当下的政策文件。如《中小学心理健康教育指导纲要（2012年修订版）》《中小学心理辅导室建设指南》以及一些地方性的关于中小学心理健康教育工作的实施意见等文件。二是建构学校心理工作的日常框架，并在每年实践与完善。学校心理健康教师在学校开展的工作主要有心理健康课程、心理咨询、团体辅导、心理宣传周、心理测评、心理社团、心理讲座以及科普宣传活动等等。这些工作均需要青年心理健康教师学习与实践，推荐几本书籍给大家做参考：袁章奎的《积极心理学团体活动课操作实务》，钟志农的《心理辅导活动课操作实务》，岳晓东的《中小学心理辅导实用理论与技巧》，张日昇的《箱庭疗法》以及边玉芳等的《青少年心理危机干预》等。三是结合自己的兴趣特长开展工作。心理学是非常有意思的学科，心理健康教师所做的工作是非常受学生喜爱的工作，如果能将自己的喜好与特长融入将是一件非常幸福的事情。如一位老师说她喜欢读《三国演义》，于是就在学校开设了“三国演义之人物分析”这节课，她为了开设这节课又阅读

了好多遍《三国演义》，由于她是出于对此书的喜欢，同时又和自己的专业相结合，所以这门课开设得非常成功。

3. 学校心理健康工作是一个综合体系，不是一个人的“单打独斗”

增强心理咨询的功力是每一位心理健康教师梦寐以求的，青年心理教师也往往因自身咨询技术的不足而苦恼，但是心理咨询工作是学校心理健康教育工作的一部分，不是全部。中小学心理教师应该意识到：如何与学校管理层沟通，争取领导对心理健康教育工作的支持；如何与班主任及其他老师协调和合作；如何与兄弟学校的同行建立良好的同伴支持系统；如何宣传心理健康教育工作，提高学生对心理健康的关注度……笔者认为这些能力在某种意义上来说比单纯的咨询水平的高低重要得多，所以青年心理教师应该注意的是要提升个体价值，并且正确合力支持，这样才能让学校的心理健康教育工作有效开展。

学校心理健康教育是一门专业性、综合性、实践性很强的工作，从事这项工作的教师，既要有高度的责任心、事业心，又要具备广博的基础知识、精深的专业理论知识、熟练扎实的实际操作技能、健全的人格和良好的职业道德与统筹协调的能力，这对青年心理健康教师都是挑战，同时也是在完成各种挑战之后帮助学生和学校发展的职业幸福感来源。这项工作任重而道远，让我们共同探索！

寻找打开心锁的钥匙

——浅谈学生心理健康档案的建立和利用

青岛第五十八中学　于中华

一把钥匙开一把锁，锁就像是问题，钥匙就是答案，这个世界有这个问题，那么就在这个世界上一定会有这个问题的答案。

——题记

青少年容易出现各种心理问题，教育工作者要善于利用学生心理健康档案，掌握每个学生的心理健康状况，做到“一把钥匙开一把锁”，解决不同的心理问题，促进学生的健康成长。

哲学家莱布尼茨说，万物莫不相异，天地间没有两个彼此完全相同的东西。

通过建立学生心理档案，可以准确掌握每个学生的心理健康状况，动态监测学生心理变化情况，发挥档案育人的重要功效，有效地促进学生的健康成长。

一、建立学生心理健康档案的意义

雅斯贝尔斯说：“教育是人的灵魂的教育。”学生的成长经历和生活环境不同造就了学生不同的心理特点，每个学生都是一个丰富多彩的个性世界。教育不可能有一把“万能钥匙”，为每一个学生建立心理健康档案具有重要的意义。

（1）建立学生心理健康档案，能帮助教师了解学生的突出心理问题，使心理健康教育工作具有针对性、有效性和前瞻性。

（2）建立学生心理健康档案，能帮助老师准确地掌握学生的心理现状，提升学校对于突发应急措施的处理。学生心理健康档案映射了学生心理，教师可以对不同的学生采取不同的教学法。

（3）建立规范的学生心理健康档案，能帮助教育者进行跟踪教育，有效地治疗学生的“焦虑躁动”“敏感叛逆”“上网成瘾”等心理问题，促进学生健康成长。

我校新生入校后，通过量表问卷、对性格特征的测试，保留下学生心理健康状况的原始数据，为他们建立了心理健康档案，为问题学生做数据对比，建立预警工作机制，有的放矢地实施心理干预，发挥档案存凭育人功效，进一步夯实了学生德育工作的基石。

二、如何建立学生心理健康档案

我校高度重视心理健康教育工作，目前拥有由5名专职心理教师（均获得国家二级心理咨询师资质）和以班主任为核心的兼职心理教师组成的心理教育骨干团队，并设有班级心理委员，心理组通过心理测评软件为入学新生建立心理健康档案，将5月25日定为校园心理节，定期组织心理拓展活动，宣传普及心理健康知识。

1. 科学选择建立学生心理健康档案的工具

心理健康测评模块：用于学生心理健康状况普查、心理健康测试，并针对测试结果提出专家指导意见。

学籍档案管理模块：对于学生的心理健康教育，要综合考虑影响学生情绪变化的因素，如自我鉴定情况、老师的评语、家庭因素等。

危机预警模块：对测试出现心理危机的学生，系统自动将该学生纳入危机预警系统，提醒老师重点关注该学生的心理问题。

2. 学生心理健康档案的类型

我校的学生心理健康档案实行双轨制，要求纸质档案和电子档案并行保存。电子档案由于其在稳定性、可靠性等方面存在“先天不足”，我校学生心理健康的纸质档案始终处于无可替代的重要地位。新生入校建立档案时，不仅保存填写的纸质档案，同时还要求有一份相对应的电子档案。纸制档案采用一人一袋的方法，妥善保管，不能随意翻阅和借用。

3. 学生心理健康档案的主要内容

首先是学生心理发展的基本资料、心理健康状况测评报告，一般在新生入学普查活动时建立，积极采用开放式问卷，让学生进行自我剖析，获得了精确的学生心理状况的信息，以备教师有针对性地及时发现并解决问题。

其次是反映学生心理状况和心理特点的资料，各种心理测量结果的分析报告材料。

再者就是学生的心理咨询与辅导记录以及从其他渠道获得的有关资料，比如心理咨询记录材料等。

三、合理利用学生心理健康档案，寻找打开心锁的钥匙

近年来，我校坚持“以人为本，全面发展”的办学思想，高度重视学生身心健康，精心打造特色心育品牌，将心理健康教育作为独立的学科，将学生身心健康的时代性问题课题化，在实践中跟踪研究，利用学生心理健康档案这把能打开心锁的钥匙，为学生筑牢健康的心理防线，形成了独具特色的心理健康教育体系。

1. 加强心理健康工作者的队伍建设

学生的心理成长需要引导，班主任是开展心理健康教育的主力军。心理教师也是直接面对学生的一线人员，我校不断加强学校心理健康工作者的选拔和培训，建立了一支合格的学生心理健康工作队伍。

2. 开展丰富多彩的活动，有效筑牢学生的心理防线

心理教师通过“班会与心理辅导创新性结合”主题班会、讲座等多种方式，提高班主任开展心理健康辅导的能力。班主任再通过定期开展心理

健康主题班会，及时地为学生解除了困惑，打开了学生的心锁。

心理老师勇于创新，推出室外心理拓展活动课，将体育课和心理课相结合，寓教于乐，对各年级的学生进行心理健康教育。他们还根据不同年级学生的特征，定期举办学生心理讲座。

心理组编制师生心理读物《心馨园》，每月两期印发给全体师生，进行心理健康知识的宣传教育。

学校多次聘请知名心理专家到校举办讲座，培训教师们的心理专业素养与技能，组织心理教师积极参加心理工作坊、萨提亚家庭系统治疗的培训。

3. 合理利用心理健康档案，打开困惑学生的心锁

心理老师利用心理健康检测量表，及时了解学生的心理健康状况，对学生的心理问题进行诊断、制定个性化的咨询方案，有的放矢地帮助问题学生走出困惑、走向阳光。对存在严重心理危机的学生早发现、早干预，有效地做到提前预防、预警和干预。针对学生普遍存在的心理问题，组建互助小组，通过彼此启发和交流，解除疑惑、打开心锁。

四、如何管理学生心理健康档案

心理健康档案为教师提供了重要的依据，如何有效管理学生心理健康档案决定着档案发挥作用的大小。

首先，学生心理健康档案管理要科学规范。心理健康档案要专人保管，专柜存放。档案目录要进行科学的分类。学生心理健康档案的记录形式多样，要及时收集整理各种载体的学生心理健康记录。学生的心理咨询、心理测量等资料要及时归档，确保学生心理健康档案的齐全、完整。

其次，档案管理者对学生的心理健康档案要严格保密，不准公开当事人的任何身份信息。并且，心理健康档案资料不能复印带出心理辅导中心，无特殊情况，非心理专职工作人员不得查看具体内容。学生心理健康档案仅作为学生心理健康教育和心理咨询服务的辅助工具之用，不准进入

学生的人事档案。

最后，档案工作者应不断提高业务能力，根据需要及时更新和维护学生心理健康档案管理系统，及时分析整合学生心理健康档案，为心理档案发挥作用打下良好的基础。

苏霍姆林斯基指出："每个孩子都是一个完全特殊、独一无二的世界。" 每个学生的心理问题也是各不相同的，应杜绝使用一把"万能钥匙"，教育工作者合理利用学生心理健康档案，积极寻找打开每个学生心锁的钥匙，引导学生悦纳自己、善待他人，就会让每一个青春绽放绚丽的光彩。

参考文献：

[1] 黄卫国. 谈大学生心理档案的科学建立与合理利用[J]. 黑龙江教育, 2001(1).

[2] 李开平. 关注大学生心理健康 建立心理健康档案[J]. 档案与建设, 2006(1).

[3] 李权. 建立心理健康档案促进学生全面发展[J]. 兰台世界, 2006(8).

下篇
高中心理健康
教育咨询案例

对一例严重心理问题学生的咨询案例报告

青岛第五十八中学　王克伟

一、一般资料

小吕，女，17岁，某高中学校二年级学生，家中姊妹两人，姐姐已经出嫁，母亲于半年前因癌症去世，自己与父亲同住。父亲为下岗职工，家庭经济状况较差，父母双方家族无精神疾病历史。

小吕属于足月顺产，母亲孕产及哺乳期未服用特殊药物。小吕两岁半上幼儿园，喜欢跳舞唱歌，深得老师喜欢。上初中后学习成绩优秀，但由于家庭条件的限制，仅上了一所普通高中，父母经常吵架，心情压抑，有较重的自卑心理。高一时学习努力，学习成绩一直居于班级前十几名，妈妈去世后，在不到半年的时间内成绩下降得厉害。11岁来月经，周期稳定，身体健康，未患过重大疾病。从小稳重略内向，处处严格要求自己，很要强。

二、主诉和个人陈述

主诉：五个多月以来，感觉自己在同学面前很自卑，不敢和同学过深地交往，情绪低落，成绩下降，有时候会无缘无故地落泪，有过自杀现象。

个人陈述：

自从妈妈去世，我、我姐、爸爸三人很悲伤，但是还能够相互照顾。但是从我姐结婚搬出去后，情况开始变糟了。爸爸对我漠不关心，只是每月定时给我饭钱，每日三餐管着，任何感情、关怀、温暖一类有关的东西他都很少给我，有时一丝一毫也没有！

也许到我这个年纪的女孩，不会有被家长打的经历了吧，而我却仍然承受着。自从我妈妈走后，无论我做错还是没做错，都会招来一顿拳脚，最厉害的一次是今年的3月份，那次他像疯了一样，追着我满院子跑，追上后又是脚踢，又是扇耳光，不过，都过去了。自从那一次打我，我就彻底寒了心，本来就觉得我待的地方是旅馆，现在倒觉得像炼狱，我和他现在基本上不说话。一旦说话，就是他又看我哪里不顺眼，开始唠叨我了，我也懒得听他嚷嚷，直接转身走人。反正在他眼里，我就是一个“杂碎”。他有时候甚至会大骂已经离开的妈妈说“都是你给我留下这么一个东西”。他很喜欢把我和我养的小狗做比较，“小狗见人还能摇几下尾巴，你能干什么！人家小狗把盘子舔得干干净净的，你吃个饭还挑三拣四的”，这些，远远不能发泄他内心的怨愤。

我不知道我做人是否真的那么失败，为什么他没有夸我一句，从来没有过。我怀疑自己是个不怎么样的人，有时候也会在同学面前产生自卑心理，因为他们都是那么骄傲、开心，甚至那么自我地活着，而我却始终活在压抑、空虚、寒冷的世界，就算外面的温度很高，我的心都是冰凉的，尤其是回到这个所谓的家。虽然我喜欢装作若无其事，告诉自己我至少还有个家，但我真的有吗？

我感觉自己不知道什么时候变得很奇怪，不愿意和男生接近玩闹。有时候看见朋友（女生）和男生在一起打闹，就会鄙视她，并认为那是不检点。交朋友，我不敢交得太深，因为怕被别人发现我内心的秘密——我是一个没有妈妈的女孩，也怕别人知道我的弱点并伤害我。

姐姐每次回来，我们只是很肤浅地说笑，我不会说有关我的事，不知道为什么我选择了抗拒和逃避。

我很讨厌自己，厌恶自己的无能，不想说，不想做，好讨厌自己啊！为什么我会是我？我为什么不是另外一个人？我对自己很不屑，不就是一个窝囊废、扫把星吗？什么事放到我身上都会变坏，我似乎从来就没有幸运过。

我喜欢一个男生，我不知道为什么会对他那么执着，按我以前的经历，最多半个月我就不会再有看那个人一眼的兴趣了，但唯独对他，已经明恋加暗恋快两年了，我知道和他不可能了，可还是傻傻地等待，很傻，是吧？

我不知道自己怎么了，有时候会无缘无故地落泪，过分关心别人的想法，觉得自己特别敏感、脆弱，感到自己前途渺茫，无法继续上学。在我的记忆中，爸爸妈妈经常吵架，我觉得非常痛苦，甚至觉得活着一点意思都没有，有一次我拿来一个很锋利的东西，拼命在左手腕划，连续划了十几次，只感到被划过的地方麻麻的，连一滴血也没有出，可是出于对死亡的恐惧，我最终没有结束自己的生命。在我妈妈去世后的几个月里，我和爸爸的关系已经到了这种地步，我更不想活了，我分别在不同的医院、诊所买了近30片安眠药，当晚我就吞食了近20片，让我想不到的是吃完药后一点困倦都没有，还有点激动，心脏急速跳动，觉得脸热乎乎的。我告诉我爸，我吞了安眠药，他大声地骂我，并到处找装安眠药的瓶子，找到后，他对我喊道："你以为几片安眠药就能药死你？"说完，他把剩下的吞了下去，从那以后，我再也没有动过自杀的念头。

三、观察和他人反映

咨询师观察到：求助者身体健康，穿校服，面容憔悴，心事重重，说话断断续续，时不时伴有哭泣。自知力完整，言谈中充满了对父亲的不满，对继续上学的烦恼和焦虑。

其同学反映：该同学自尊心强，争强好胜，但自从她妈妈去世以后，她本人发生了很大变化，郁郁寡欢，和朋友交流减少，基本不参加集体活动，学习成绩严重下降，这种情况已经持续五个多月。在其他同学鼓励下，主动到学校找我进行心理咨询。

四、评估与诊断

诊断：严重心理问题

根据小吕的临床资料，综合其相关因素，家庭中无精神病史，本人无重大疾病史，小吕本人对症状有自知，主动求医，按照精神活动正常与异常的三原则判断，小吕的心理活动在形式和内容上与客观环境保持一致，符合统一性原则；各种心理过程之间协调一致；其个性相对稳定，故其心理活动在正常范围，可排除小吕有重性精神病。小吕目前心理与行为问题是由于妈妈去世、父亲情绪不好经常打骂甚至给她严厉体罚这两种强烈的现实性刺激所引起的，其冲突具有现实意义，持续时间为五个月以上，不良情绪已泛化，和朋友交流减少，参加集体活动少，学习成绩下降，对其社会功能有一定影响，第一次“自伤行为”属于情绪性宣泄，第二次自杀行为属于情绪宣泄和企图引起父亲的注意。经过检查排除器质性的病变，符合严重心理问题的诊断标准。

主要表现为：

1. 对父亲不满，情绪低落，影响学习成绩和社会交往。

2. 自我评价低，感觉自己无能，拒绝与别人交流。

3. 无缘无故的落泪，关心别人的看法，有宣泄性和情绪性自伤行为。

五、咨询过程（呈现两次咨询过程）

第1次咨询

时间：2013年4月13日

1. 目的：了解基本情况，建立良好的咨询关系，探寻改变的意愿。

找出求助者当前急需解决的目标。进行咨询分析，发现不合理信念。

2. 方法：会谈法、心理测验法、认知行为疗法。

3. 咨询过程：

（1）填写咨询登记表，询问其基本情况，介绍咨询中有关事项与规则。

（2）用摄入性谈话法，收集临床资料，探寻求助者的心理矛盾及改变意愿，同时使求助者得到充分的宣泄，释放内心的焦虑与冲突。

（3）做SAS、SDS、SCL-90自评量表，并了解其成长过程。

（4）将测验结果反馈给求助者，并做出初步问题分析。

（5）确定咨询目标。

双方共同确定咨询目标，矫正对疾病不合理的认知。

将测验结果反馈给小吕本人，结合问题行为做出初步分析，让她了解问题行为的成因。

① 内向、孤僻的性格特征是影响人际交往的内在因素。② 自我的思维方式，认知观念使她形成了对自我的高度要求，这对人际交往起着阻碍作用。③ 和同学的相处中，因为性格原因，交往减少，使得和人的沟通不顺利和自然，并因此产生了自卑感。④ 认为父亲从小就不关心自己、不爱自己，特别是母亲去世以后出现与父亲的强烈冲突以后，这种不合理的观念强化了自身“症状”，这种想改变又不能改变，想摆脱又无力摆脱的困境，出现了心理的矛盾和冲突。

（6）布置家庭作业，仔细思考我们的咨询谈话内容，并分析自己与父亲冲突的原因，建议她下一个星期预约第二次咨询。

第2次咨询

时间：2013年5月8日

1. 目的：巩固咨询效果，结束咨询。

2. 方法：谈话法，心理测验法。

3. 过程：

（1）反馈作业，对父亲的不满基本消失，小吕自我感觉目前心理状态比较稳定。

（2）学会正确评价自己和现实问题，自我调节的能力增强。多运用积极的心理暗示，并在社会生活中积极实践。

（3）做了SAS、SCL-90心理测验，结果各项指标均在正常范围内。

（4）基本结束咨询，做好咨询的回顾和总结，对求助者的进步给予正性反馈与强化，帮助求助者把咨询过程中学到的认知方式、分析和解决问题的方法运用到日常生活中，用新的认知和行为模式面对未来生活。

六、咨询效果评估

1. 求助者本人和其他人的评价

小吕情绪明显好转，自述“和父亲交流时厌烦心理得到改善，睡眠恢复正常，质量有所提高”。同学说：“小吕比以前活泼了，还交了好朋友，情绪稳定，心情好转了。”

2. 咨询师评估

通过回访，了解小吕本人目前状态稳定，精神面貌较初访时大有好转，与父亲和同学关系正常，学习和生活也恢复了正常，小吕说“感觉自己和人交往轻松多了，感觉自己和他人都是平等的”。咨询基本上达到预期目标。

3. 心理测验评估

使用SAS和SCL-90对求助者的焦虑情绪进行测量，SAS标准分34分，SCL-90各项指标均已恢复正常，说明求助者心理问题已经基本得到了解决。

对一例缺乏人际安全感女生的咨询辅导手记

青岛第五十八中学　王克伟

2013年某天，我收到了一个学生的短信，信中说："王老师，我是您教的一个学生，在用别人的手机给您发短信，我现有一个问题困扰着，可以用短信的形式和您聊一聊吗？"我明白求助者的心思，她不想让我知道她是谁，可又想让我帮她解决心理困惑，我说："可以，愿意为你提供心理学帮助。"

她说："我是一个女生，也不管了，什么都跟您说了，我以前喜欢过几个男生，但是我现在喜欢上了一个女生……很可笑是吧！本来我很担心，但渐渐的，我好像就是喜欢她，但又不是对男生完全没有感觉。老师，我是怎么了？请你帮帮我。"求助者显然并不完全信任我，她的描述基本停留在表面。她很显然怀疑自己有同性恋倾向，为了深入了解她的人际交往情况，看她是否有这种倾向，我问："与你喜欢的男生相处，和与你喜欢的这个女生相处，两者有什么不同？"她说："和男生交往不是很自然，和女生交往就很自然，但除了她之外。这正常吗？"求助者正处于17～18岁的青春期中后期，按照埃里克森人格发展的基本阶段，属于获得亲密感、避免孤独感的成年早期阶段，渴望了解异性，获得爱的品质是重要特征。她有喜欢的男生，却转而封闭自己而突然喜欢同性女生，这其中肯定有着深层次的问题。

于是我试探着问："你在与男生的交往过程中是否有过感情上的创伤？你的父母情况好吗？你的童年很快乐吗？"她告诉我，"我在感情上没有创伤，父母关系还不错，我的童年不算快乐，没有什么值得留恋的”，并反问，“这和我的童年没有什么关系吧？！在此之前一切都很正常，直到有一天看到她很帅气，好喜欢，渐渐就不能自拔了。”

求助者和男生不敢深入交往，从以上回答中可以排除异性交往感情创伤带来的阴影。可是她的一句话引起了我的重视：“童年不算快乐”。这是为什么？我意识到这很可能是她心灵深处不愿意诉说的秘密，也可能是引起她出现心理问题的重要原因。

我立刻问她童年不快乐的具体原因。她陷入了沉默，也许她正在进行痛苦的思考与选择。我又强调了一句：“我不知道你的姓名，也一定为你保密。”我知道这就是心理咨询中常遇到的阻抗现象。我鼓励她一定要说出来，这样有利于问题的解决。

她没有回答我的问题，却又补充了一个情况：“老师，我查过，有30%的人有同性恋倾向，我以前没对任何女孩有过这种感觉，就对她，看到她，心跳就会加快，有时候我想，和女生在一起比和男生在一起好多了……”

求助者认为自己有同性恋倾向，她觉得自己就是那30%以内的人，但不敢确认，对此我无法回答她什么，因为喜欢一个同性别的漂亮女生，这并不能说明什么。我还在等待她的回答。

终于，她告诉我：“我的童年很朦胧……特别是小学时期的记忆，就好像被故意删掉了一样。我小的时候，不好的事情很多，不知道你要问的是哪一种？”我说，是关于你的家庭教育、学校教育，关于你的父母关系的一切情况。

求助者继续说：“我小时候可以说是个自闭、自卑的小孩，很少和同学说话。为此，一二年级时，老师体罚过我，一辈子也忘不了！高年级时，你知道吗，因为我性格古怪而被嘲笑过，我好难过！父母在我小的时候总是打架，最狠的一次我爸把我妈打得满嘴冒血……”当时的情形，她记忆犹新。在求助者的心灵深处，父亲好恐怖，童年的记忆让她无法忘却：作为女性的妈妈在作为男性的父亲面前是多么无能、渺小和受欺辱。这种家庭的暴力行为对求助者人格的形成产生了巨大的心理影响，致使她自卑、自闭，缺乏人际交往的安全感，从而出现了“小学时期的记忆，就好像被故意删掉了一样”的情况。童年时期对父亲的恐惧在进入成年期渴望与异性交往时泛化成为害怕一切异性，与异性相处没有安全感，这就是深藏其心灵深处但又无法意识到的造成她出现心理问题的重要原因。

我问她：恨过父亲吗，她说：“恨过，但爱大于恨，我爱他们！国庆节回家后，我尽量和其他女生一样对待爸爸妈妈，想忘掉这件事，如果可能的话……”求助者童年时期的阴影，哪里容易忘怀，如果不能化解这段“恨”，求助者的同性情结就难以解除。

我想进一步证实求助者是不是真的讨厌男生，于是我又问她和喜欢的男生是否有过较深的交往。她说：“交往很浅，本来很喜欢他，最后他提出要和我在一起时，我却回避了！我不敢面对……”求助者的回答，再一次证明：与男生相处，她根本无法找到安全感，喜欢却又不敢深入交往。

求助者又问我：“老师，同性恋是不正常吗？我还是认为这和过去没有什么联系，没有人规定女生必须喜欢男生，不是吗？”

根据以上分析，我告诉她：“你不是同性恋，童年时期的经历，使你在潜意识中对父亲充满了恐惧和对男性的不信任感。在和男孩相处时，致使你无法体会到信任感和安全感，所以不敢和男生深入交往。而和女生相处，你很有安全感、信任感，这一现象出现在青春期以后，所以你的这种感情可以理解。”

看了我的分析，她很惊喜：“原来是这样！我从不和男生深入相处，有过男朋友，但因为我的冷淡，关系越来越远，我不敢尝试和男生密切相处，仔细想来就是这种原因。”她又问：“老师，我想知道，我以后怎么办，怎样面对她？”我告诉她：“你喜欢她，可以把她当作你的知己好友，可以与她分享你人生的痛苦与欢乐，摆正她在你心里的位置，继续交往，当然是可以的。”

为了帮助她及早摆脱对父亲的“恨”以及对男性的不信任感，我给她布置了一个作业：与父亲进行一次朋友式长谈，了解父亲的过去，深入了解父亲母亲的早年生活，以加深对他们的理解。

没想到，在求助者表示感谢的同时，她又告诉我：“我有个亲姐姐，好像也恨男生，不想和男生交往。”我非常感慨：早年家庭暴力对孩子心理健康的破坏性影响，可以延迟到十几年以后，这对我们望子成龙的家长们来说，不能说没有深刻的启示。

一般说来，家庭暴力给青少年成长带来的问题有以下几个种类。

首先是情绪和行为问题。

遭受了家庭暴力的青少年表现出更多的恐惧、焦虑、愤怒、低自尊，过度担忧或抑郁，缺少解决冲突的技巧，与其他人之间的人际关系差，明显缺乏人际安全感。

其次有明显的认知问题。

遭受过家庭暴力的青少年可能会在学校里表现得差，不愿意学习，不积极参加集体活动。他们上课的注意力和知识的理解力方面都存在一定的困难。

暴力教育家庭成长起来的孩子，心理上大都会产生问题。他们不愿意与家长和老师沟通，甚至于对家长老师抵触。

家长要做的事情其实非常简单，就是尊重孩子，与孩子做真正意义上的朋友，让孩子自由地成长和发展。打骂只会拉开心与心的距离，鼓励才是让孩子自己去改变的最好办法。

“总感觉别人比我强”的自我心理调适

菏泽市单县一中　刘冒闯

小明是名高一学生，初中时的成绩在班里大都数一数二，刚进入高中时，对自己信心满满。但是第一次期中考试，他的成绩不太理想，由刚入学时的第10名下滑到第21名。这件事使他对自己的能力产生了怀疑，常常情不自禁地注意其他同学的学习状态，比如有时他发现当自己正在做试卷时，而同位的试卷已经做完了，他就觉得自己不如别人，别人都做完了而自己还没有完成。于是他就不自觉地注意别人做题的速度，越是注意他越是觉得自己做题比别人慢，他就觉得自己学得不够好，不如别人。有时上课老师提问的时候，其他同学常常很快能回答上来，这也让他更感到不如别人。到期末考试的时候，他的成绩又下滑了。“怎么别人都比我强？为什么？我怎么才能学好呢？”小明苦恼极了。

像小明一样，很多同学或多或少地都会感觉别人，特别是自己周围的人比自己强，比如别人做题速度比自己快，别人比自己学得好，别人能静下心来学习而自己却不能等等。这样的感觉会带来负面情绪，如果持续时间长、强度大就会影响自己的学习和生活，影响自己对未来的信心，甚至出现难以圆满地完成学业的情况。下面就以上三个问题分别谈谈如何进行自我心理调适。

一、别人做题速度比自己快

当这些同学有这样的感觉而向老师求助时，如果问他（她）是不是感觉错了，大都会得到否定的回答，因为这些同学确实是看到对方先于自己做完的。有时候连自己也怀疑自己的感觉错了，所以干脆比一比，却发现越比越感觉对方做题快。那到底是什么影响了自己的判断?

我举个例子大家就明白了：假如解完一道题需要平均花费5分钟的时间，在这5分钟内您不自觉地关注对方10次（如果是真想比一比的话，关注对方的次数可能会更多，只是自己没有注意而已），每次扭头和重新回到题目上要浪费5秒钟，整个解题过程就是浪费了50秒。即使您做题的速度比对方快半分钟，但就是因为您不相信自己的速度，把注意力花费在了别人的行为上，所以也会比对方慢20秒。也就是说别人已经做完了，而自己还没有做完。到这里大家明白了吗？所以即使是程度相同，甚至比对方的做题速度要快一点的同学，如果把注意力集中到了别人的行为上，自己也会显得比对方慢。

应对策略：关注自己。关注自己目前正在做的事，并集中注意力，全身心地去做目前自己的事，不管你的状态、速度如何，你对自己来说，都会是最快的。与别人比较，关注别人，不仅会降低自己的做题速度，还会影响自己的情绪。

如果真的发现自己做题比别人慢，我们可以把情绪转化成动力，比如，我们可以给自己暗示：出现这样的事，我要更加努力。这样把注意力集中到自己的学习上，逐步积累，对自己岂不更有益。

二、别人比自己学得好

产生这样的感觉并不仅仅是由于考试成绩。有很多同学产生这种感觉是因为在课堂上回答问题时，总感觉别人反应比自己快。老师提问的时候自己还没有想出来，就有人开始回答，时间久了，就会产生自己不如别人的感觉，这种感觉也会为自己带来很多的苦恼。

虽然我们不是全能的，但每个人都有自己的优点。每个人的长处不一样，班内的几十位同学联合起来就会给你一个别人回答问题比自己强、学得比自己好的错觉。另外，我们每个人的思考角度不同，当自己按一种思路去思考时，也许别人的思路对你来说就是眼前一亮的角度，对你来说，可能会造成别人比自己强的错觉。对每一位同学都是如此。

应对策略：了解了这种错觉产生的原因，我们把注意力放在思考别人回答问题的角度、熟练程度和深刻度上，学习自己应该学习的知识上，去欣赏别人的思路，作为提升自己的方式，当我们更多地去思考自己的收获时，感受到别人回答的问题能丰富自己的经验时，那种感觉就会远离。

三、感觉别人能静下心来学习而自己却不能

有很多同学不能静下心来学习时，往往会注意到周围的同学都在努力学习，学习的状态非常好。越是着急就越感觉整个班内就只有自己不能静下心来学习了，同时也会产生很多的错误观念：自己怎么那么没用，为什么会这样，看来我考不好了，我是最可悲的，我要放弃了，等等。

应对策略：如果和其他同学（问几个和自己水平差不多的同学就可以）交流一下的话，你会发现大家看法一样，都是认为自己不能静下来而别人都能。其实在高中学习的压力下，有时不能静下心来学习是正常的，是面对未来高考的一种正常的生理反应，是调动全身能量的表现。

不能静下心来学习的原因有很多，例如，同学之间没有相关的交流而认为只有自己才有这样的痛苦感受，如果是这样，同学之间交流一下，了解到原来几乎每位同学都是如此时，自己就会轻松很多。

也有的同学是由于学习遇到困难，焦虑情绪影响了自己而不能静下来，如果是这样，我们可以使用放松技术，这里仅介绍一下如何运用深呼吸来静心学习。深呼吸，并不是用力地吸气和呼气。正确方法如下。

首先是姿势，躺着或坐着都可以。躺着的话双手要放于身体的两侧。坐着要双肩齐平，腰杆挺直，目视前方。但要注意，双臂不要伸直，否则

容易导致紧张甚至身体失衡；双手自然地搭在双腿上或者搭在椅子的扶手上；双膝最好并在一起（如果较胖或者不喜欢双膝并拢，也可令其自然分开）；躯干不要靠在椅背上，座椅最好不高于小腿。

其次是呼吸的要领：

（1）先用鼻子徐徐吸足新鲜空气；

（2）再屏住呼吸数秒钟；

（3）然后拢起嘴唇（像吹口哨一样）用嘴吐出小部分气，稍停片刻，再继续吐一小部分，直至肺内气体吐完为止。

（4）如此反复数次，一般3～5分钟后感觉全身放松，心情平静即可。

注意事项：

（1）整个过程应是平静地进行，连你自己也听不到呼吸声。

（2）练习时，可能会有一些分散注意力的念头涌入你的脑海里或产生异样的感觉，对此不必担忧，也不要沉溺于这些念头和异样的感觉，不要去理会它们，只要继续注意你的心理感受和呼吸，这些干扰自然就会消失。

（3）练习时，不能过度呼吸，结束后不能起身或移动太快，不要在饥饿或饱胀时练习，因为这些都会使你产生不适感。

（4）初次接触放松练习时，不易产生放松效果，这是正常现象，不要过分期望放松状态的出现，顺其自然。

在高中的学习中，无论遇到哪些心理不适都是很正常的，可能都是大家共同遇到的。只要我们了解真实的原因并掌握一些调节的方法，这些烦恼就不会产生干扰。

“完美”男生重生记

青岛第五十八中学　王丽萍

一、背景介绍

姓名：小路（化名）

性别：男

年级：高二学生

个案来源：主动到咨询室寻求帮助

主要问题概述：由“凡事都必须做到完美无缺”的固定信念和因“偷窃”事件导致的对自己的贬低性评价之间的矛盾和冲突。

二、辅导步骤

理论分析：本案例属于青少年由于过失行为所致的情绪困扰问题。青春期是自我意识发展期，青少年对自我价值的肯定大多来自他人的认可，如果自我认识出现偏差，如本案例的来访者所表现出的执着于既往的错误经历，就会降低自我形象，怀疑自身价值，不能自我接纳。处理上应该帮助当事人认识自己、接纳自己，同时为其创造他人接纳的环境，重建自信。

辅导目标：协助来访者认识自己、接纳自己、发展自己。

辅导策略：关注、反馈、认知改变、自我管理和改变环境等。

具体步骤：

（第一阶段）小路的第一次来访并没有敞开心扉，他一直有所顾忌，说话犹犹豫豫，并时常泪光闪闪，流露出灰暗的消极的情绪反应，时不时闪现厌世的念头。他说了很多，似乎是一种纯宣泄式的陈述，但一到关键地方就会避而不谈，防御性很强。不过从其谈话中可以看出他对自己有着极端的不自信，但同时又表达了希望自己完美无缺的梦想，固执又强烈地希望得到别人认可，“不自信”和“完美强迫”的矛盾使其内心发生了激烈的冲突，情绪困扰极其严重。

为了有针对性地打开他的心理防线，在对他进行第二次心理咨询之前，我事先从他的班主任处了解了一些有关他的情况。其父母都是下岗工人，对孩子的学习、生活想关心而又心有余而力不足，采用的教育方式比较陈旧、落后，而且和孩子的沟通较少。一直以来，他都是默默无闻型的学生，学习认真刻苦，成绩不错，但没有主见、自卑，做事谨小慎微，怕得罪任何人。在这样的一个生存状态下，他竟然做出过一件令所有人震惊的事情。在初中时，他想让人刮目相看，一时气盛再加上别人的有意挑唆，他把一女教师的手机偷掉卖了，后来的事态发展也是颇有一番周折，学校出于人性化考虑，只对他进行了口头教育，没有处分。后来因为学习更加刻苦，顺利考入了我校。这件事情也只是在部分人中盛传了一段时间，渐渐的大家已经忘却了。但是他却一直耿耿于怀，更加自卑，感到对不起父母，深深内疚；很想彻底抛掉这个思想包袱，可又不敢对别人说，怕提起这件事情又会引起轩然大波，这层阴影一直笼罩着他。

在了解了这些之后，我才明白第一次见面他为什么总是吞吞吐吐。我在脑中初步想好了辅导计划：不能急于打开他的心锁，首先要建立起他对我的信任，然后设法通过建立良好的心理环境，让他在和老师、同学的交往中体验真情，并引导他思考：是什么在禁锢着自己，自己到底想成为什么样的人？最终依靠他自己的人格力量走出人生的“低谷”。

（第二阶段）他终于第二次出现在了我的咨询室，我很高兴地接待了他。为了打破僵局，我拿出了OH卡牌，期待用这样的方式让他敞开心扉。我建议他先洗洗牌，然后随意抽出一张牌，用这张牌讲个故事。他抽到了一张牌，在见到这张牌的一瞬间，他就闭上了眼睛，沉默了一会，他问我："是不是每个人都有秘密？"面对他探求的眼神，我思考了一下，随后简单说了一下在我身上发生的一件让自己自卑的事（略带夸张的），第一次当着学生的面说这样的事，心里也很忐忑。面对这种坦率的自我披露，他既感到惊讶，又感到十分高兴，我让他懂得了我们之间是平等的。"这些事情说的时候确实像揭了伤疤一样痛苦，而且也很难忘掉，不过我们要有所侧重，不论过去的故事是好是坏，都有它的可取之处，我们就是在对过去进行总结的过程中继续前行的，是不是？不过我更看重、更关心的是我的将来。"他看着我坦诚和鼓励的目光，眼圈有点发红，低下了头，看得出他在进行着激烈的思想斗争。过了好一会儿，他深深吐了一口气说："谢谢老师。我就像这张牌显示的一样，犯过不可饶恕的错误。"接着，他先说起了他的童年往事。有一次姑姑到他家并带着表哥，当时一见面大家就评论他们两个，大人们说他表哥好看、性格好，比他强，这句话深深地刺激了他。从此以后，他就把自己归在长得不好、没有能力之类的孩子中，处处都觉得别人好而自己不好，可又怕别人说他笨、看不起他。所以初中时，为了引起别人的注意力，他就做了那件事。他很详细地将那件困扰了他很长时间的事情从头至尾说了一遍，在回忆的时候，他很痛苦，边说边流泪。我知道这件事情埋在他心里太长的时间了，他一直想忘掉，但越是这样，越是记忆深刻。在他说的过程当中，我什么也没说，只是默默倾听着，用心地听。他讲完了他的故事，仍然默默地流泪，陷入痛苦当中不能自拔。我没有再劝说他什么，让他充分宣泄，与自己的情绪在一起，等待他激动的情绪趋于平静。最后，他说："老师，现在我感到轻松一些了。我将秘密告诉你了，你就是我最信任的人了，你能帮我吗？""我会帮你的。今天你已经有勇气将你的故事讲给我听了，我完全相信你那时是一时冲动，每个人都有犯错误的时候，如果让这个错误影响自己的将来，那这个错误就严重了。从现在开始，我们要一起努力，用自己的行动来证明自己，过去永远属于过去。”这时他的情绪已经基本稳定，他说：“老师，谢谢你。”

（第三阶段）这次咨询之后，对他应该采取的辅导手段我已经基本明确了。从他的谈话中，可以看到，童年的阴影还一直存在，现在他又总是在担心自己的事情被别人发现了怎么办，缺乏对自己的认识，看不到自己的优点，做什么事情都没有信心，情绪也一直处在波动之中。所以我想应该从他的班集体的大环境入手，让他尽快融入进去，提升他的自信心。

针对这一情况，我第一步做的是动员他利用自己的特长竞选班干部，同时我也和他班主任进行了沟通，他很顺利地担任了班级的卫生班长。此后，他工作努力，以身作则，很快地树立起了较高的威信。全班同学对他的工作给予了大力支持，打扫卫生时全班齐心协力，班级的量化成绩直线上升，学校、班主任也经常表扬。

第二步是鼓励他将自己的各种才能表现出来，以便尽快得到大家的认可。他的文采一直不错，从此校报上经常出现他的名字；他人高马大，运动会上也有了不俗的成绩……应他班主任的邀请，我到他班做了一次“优点轰炸”的活动课，他得到了同学们的极大赞赏。他开始变了，变得经常笑容满面了，走路也能抬起头、挺起胸了。但是那件事情一直是个阴影，久久徘徊在他的头脑里不肯离去，甚至现在又有了新的恐惧，怕万一他的同学知道了这件事情会更看不起他，认为他现在的一切都是装的。不过通过观察，我发现这时他已经能比较坦然地提起以前的错误，这个“结”已经解得差不多了。于是我问他：“人人都有他的过去，如果将你和他们的位置调换一下，你会另眼看待犯错误的同学吗？”“我不会的，我会帮助他克服困难。”“相信同学们吧，同时也要争取让同学们更信任你，我想你一定会顺利渡过这个难关的。”

时间过得很快，我们又在咨询室见面了。他很兴奋，向我说了很多很多，中心意思就是他现在已经完全解脱了，因为他已经当着全班同学的面将自己的故事讲了出来。事也凑巧，他们的一次班会的主题是“我的故事”，班主任老师做了很多动员工作，但是没有一个同学主动走到讲台上，他做了很长时间的思想斗争，终于鼓足勇气全说了出来，同时也说了自己今后的设想与决心。出乎他意料之外，全班在听完他的故事几秒钟之后，爆发出一阵热烈的掌声。“当时我震惊了，我没想到同学们会给我掌声，我泪流满面……”说到这里，他又流泪了，这时的泪已经和第一次完全不同，这是重新认识自己之后的兴奋的、激动的泪水。

三、辅导效果

小路的人生之路还很长，不过就目前而言，他已重新进行了自我认识，实现了自我接纳。他说：“我的人生航向已经摆正，我一定会一路走好。”我想我已经达到了理想的辅导效果。

四、自我点评

这次咨询我最大的收获是知道了给学生做咨询应不仅仅局限于咨询室，也可以因人而异地利用外部资源。我首先和他建立一种信任关系，并且利用共情慢慢引导他将自己心中一直难以解开的包袱打开，这就成功地走出了第一步。与此同时，又不失时机地利用集体的力量提升他的自信心。适时借助辅导工具（OH卡牌），又不依赖于辅导工具。总之就是逐渐在咨询过程中摸清道路，再步步拟定切实可行的方案，这样做有利于当事人慢慢地从困惑中解脱。

在这次咨询中我的另外一个大的收获就是，它使我更深层次地理解了“倾听”技术。过去我认为在面询时，认真听当事人讲就是“倾听”。现在我的理解是，这种“听”的更深刻的内涵是“用耳”还要“用心”，要用心去感受他的所思所想，用心去思考什么样的咨询方式最适合当事人，这大概也就是个人中心疗法的初探吧！

我还能上学吗?

——退缩性行为学生的转变历程

青岛第五十八中学　王丽萍

背景介绍：小林，女，17岁，高中三年级学生，性格内向，很少与人交流，成绩一直保持中等偏上，到高三后突然想休学。她左眼斜视、弱视，且程度越来越严重，身上还长满牛皮癣，人际关系不良。

辅导目标：使来访者正确认识自己的退缩性行为，接纳自己。

治疗手段：宣泄疗法；放松疗法；认知疗法。

辅导步骤：一个春雨迷蒙的下午，一脸忧郁的小林来到我的办公室。刚坐下还未开口说话，眼圈就已经发红，继而眼泪顺颊而下。我的心禁不住颤了一下，顿时意识到事情的严重性。

小林一直是个内向的孩子，从小学起学习成绩一直名列前茅。正读高三的她突然说不想念书了，这给一向对她寄予厚望的家长和老师一个措手不及。我邀请她坐在另一张与我成45° 的沙发上，刚开始的时候，她一直低着头，目光不敢与我对视，脊背僵直，双手不停地在两膝间绞动着面巾纸，还不时地拿起来擦擦眼泪。

我没有着急，等她的情绪缓和之后，和她聊了会儿学校的新鲜事，她才慢慢将身体放松下来，情绪也趋向平稳，我们开始切入正题。看到我真诚的眼神和鼓励的肢体语言，她开始谈她最近的生活、学习、心情等。（建立良好的辅导关系是辅导开始的第一步，也是至关重要的一步。此外，心理辅导重心的建立是一定要抓住根本问题。如果辅导老师仅仅停留在表面上，往往会使辅导陷入困境。）

她说，自己这几天心情一直不好，吃得也不多，很想大病一场，住到医院里去。看什么都没劲儿，做什么都烦，非常非常害怕，因为这次考试考砸了，而且很彻底。她自己总结出这样一个规律，那就是如果上次考好，这次一定不好，而下次会好，是循环的。屈指算来，高考时恰好轮到低谷。“我想想这些，还有生活上的事，简直就不想活了。”“老天太不公平了，我们班×××就有‘省三好’的名称，可以加分，我要能那样就好了。”“现在没有人愿意听我说话”……

我尽可能让她谈出不愉快的事情，宣泄压抑的情绪。对于内倾性格的人来说，这一阶段宣泄得越彻底越好，不仅可以使来访学生体验到久未获得的轻松感，也可以使辅导老师从中找出她情绪和认知问题的症结。

从她的谈话中，我发现这个内向的女生内心的很多想法是偏激的，愤世嫉俗的感觉特别强烈。但是，她虽然说了很多话，但我可以感觉得到有一些更深入的问题她回避了，可能是对我的不信任或者自尊心等因素导致的。第一次的谈话就在她的倾诉、我的倾听中结束了。

首先，小林的行为是一种退缩性行为，即当学生在面临各种压力和挫折时，不能积极有效地应付，而通过逃避、退缩、找理由的方式来试图缓解压力与挫折感，结果可能会导致更严重的心理问题。其次，从小林对待考试的态度可以看出，她对待事物的认知存有人为的偏见，需要进行合理的、适当的调整。以往许多教师在遇到这类学生时总是责备学生，或者怀疑有更严重的心理问题而建议其到医院治疗，结果反而害了学生。对这类学生关键要给予理解和支持，协助他们重建自己的认知系统，重新接纳自我，找到自我调适的有效途径。

事后我找到了小林的现任班主任，了解到她确实存在着学习成绩不稳定的现象，而且考试时过分焦虑，人际关系紧张，同学的评价是“她很孤僻”。对于小林谈话中透露出的所谓“生活上的”烦恼，我特别查看了她的个人资料，原来她父母离异，而且她似乎也经常请病假。

第二次我主动找到小林。因为事前对她有了更多的了解，我们的谈话就更加有针对性。我引导她对我们前面的部分谈话进行自我分析，慢慢地将话题引到了除了学习之外最让她苦恼的事情——“我的父母离异，父亲很不争气，酗酒、骂人；妈妈为了我，辛苦地打着零工，她挣的那点钱养家糊口、供我上学就已经紧张得不行，可是我偏偏……唉，我……除了脸上少，我的身上还长满了牛皮癣，不仅这样，您再看我的左眼，从小就斜视、弱视，并且程度越来越严重。我对不起妈妈，我总是给她增添负担，她把所有希望都寄托在我身上了，可我的学习……我还不如早点工作呢……”（哽咽着说不出话来）

在小林情绪濒临崩溃之时，我转换了方式，为了平缓她的情绪，我带她体验了心理成长中心的快乐芯系统。这套设备深受来访师生喜欢，其中的音乐放松训练、冥想及肌肉辅助疗法可操作性强，贯融心身健康工作中“发现、评估、调节、训练”四大关键流程，有效针对情绪自主调节能力进行测评与训练，有助于消除紧张、焦虑、忧郁、恐怖等不良心理状态，提高应激能力。在软件的引导下，小林身心慢慢放松下来。趁此机会，我引导她对目前的状况进行自我分析。首先，想象自己现在辍学找工作，以减轻父母负担，这样长远看会怎样；其次，我给她讲了社会贷款等方面对学生的优待，另外以肯定的语气告诉她，她身上的所谓“顽症”是可以治愈的，而且她的疾病并不会影响学习；最后，我又和她一同分析她考取理想大学的可能性，并给予学习方法上的指导，以减轻她的考试焦虑。

在辅导过程中，我在充分了解小林呈现问题背后原因的基础上，给予尊重、理解、关心和爱护，协助她对自我认知系统进行重构，挖掘自身的长处，接纳自身的不足。

为了强化以上认知，我与小林约谈多次，并用情绪“ABC”疗法来引导她重新建立思维模式。事实证明，小林非常聪明、敏感，也就让我们每次几乎都能达到预期目的。在观念上，小林有了一些改变，也学会了一些放松自己的方法。笑容也越来越多地出现在她的脸上。有一次她笑着对我说："和您交谈，我收获很大，我现在已经能坦然面对父母了，以前面对他们因为各自的原因，我心里总是疙疙瘩瘩的，现在我学会了将笑声带回家。我知道，我现在能做的就是尽量营造和睦、温馨的家庭氛围。对我的病，我也看得很淡了，反正不会恶化，即使我将来有钱再治也不晚。以前我认为大家都比我幸运，我嫉妒他们，我很自卑，总是感觉异常孤独。现在我尽量多和别人沟通，然后想想别人的心情，才发现别人和我一样，也有很多的烦恼，即使看起来很幸运的人居然也有那么多痛苦。还有，以前我老是担心别的同学要么保送，要么高考加分，要么就是有自主招生捷径，而自己什么也没有，压力特别大。现在觉得大多数人还是和我一样的，高考还是挺公平的。"

辅导效果：到目前为止，小林的心情及她的学习和生活都已渐进轨道，她比初次找我时显得活泼、主动、自信，而且有了长远的目标。但将来的路怎样走，还要靠她自己去把握。

本案例的辅导从宣泄、放松、自我认知的角度出发，抓住小林的家庭生活环境、生理状况和生活史，综合运用来访者中心疗法、认知领悟心理疗法和理性情绪疗法，结合心理训练，来帮助当事人重建认知系统，摆脱不合理的信念，找到进行自我调适的有效途径，扬起自信的风帆。整个过程流畅、合理，是一个比较成功的心理辅导。

我到底是不是你的好朋友？

青岛市崂山区第一中学　江　汶

【心理小实验】你能“宅”多久

1959年，美国心理学家沙赫特·斯坦利曾经做过这样一个实验：他以每小时15美元的酬金聘人待在一个封闭的房间里，里面有一张桌子、一把椅子、一张床、一个马桶、一束灯光，除此之外，没有其他物品。一日三餐有人送，但不和里面的人接触。这个小房间与外界完全隔绝，没有报纸，没有电话，不准写信，也不让其他人进入，而且待的时间越长，报酬就越多。有5名大学生自愿加入该实验，其中，时间最短的一个人待了20分钟就受不了了，要求放弃时间，而最长的一个人仅待了8天。这个待了8天的人出来以后说：“如果让我在里面再多待一分钟，我就要发疯了。”

衣食无忧且还有可观的报酬的情况下，为什么要放弃实验呢？答案很明显，我们需要与人接触，人际关系是维持我们身心健康的重要因素。而在校园中，同伴关系（同龄人之间或心理发展水平相当的个体在交往过程中建立和发展起来的一种人际关系）是学生人际关系的重要内容。他们更愿意把心事和秘密告诉好朋友，与同伴保持一致，在与同伴交往过程中获得支持、安全感和归属感。而与同伴的冲突会影响自己的情绪进而影响学习状态，产生因坏情绪不爱学、不爱学又内疚的负面情绪的恶性循环。

【来访者基本情况】

高二学生小芮（化名），在班级担任语文课代表（副职），很小的时候父母离异，一直和母亲在青岛生活。学习上比较努力，学习态度比较端正，但方法不是太得当，成绩中等，做事认真，性子比较急，有时候钻牛角尖，和同学有时候会因为一些小事争执，但都不会持续太久。因为最近与语文课代表（正职）产生矛盾，前来咨询。小芮用音乐课的时间来找我咨询，用她的话说："心里总是在琢磨那件事，到底是谁的问题？"从小芮烦躁和着急的表情上，我能感觉出这件事儿对她的情绪产生了不小的影响。

【咨询过程】"独裁"的口误

老师："小芮，很开心在咨询室见到你，这节课是音乐课，和老师请假了吧？"

小芮："和任课老师说过了，她同意了。"

老师："这是第一次做心理咨询吗？"

小芮："嗯，以前初中学校没有心理老师，老师，我也不知道该怎么说。"

老师："不着急，慢慢来，我们先一起看一下《来访者须知》，然后需要你把表格上带星号的基本信息填写一下，这个过程你也可以整理下要和老师说什么，可以吗？"

小芮："嗯，明白了。"

我看了小芮在表格上填写的主诉问题：感觉自己有点偏激，高一就有这种情况了，但是上了高二，感觉严重影响到了自己的学习。

小芮："老师，我感觉自己挺偏激的，舍友都说我脾气大。"

老师："能具体说说你说的偏激吗？"

小芮："就是我很容易和同学吵架，看不惯的事情就爱找事儿。"

老师："这种状态持续多久了？"

小芮："从高一就开始了，和别人争吵以后会影响心情，感觉现在都影响我学习了。"

老师："心情烦闷的话，做什么都提不起精神来。"

小芮："主要是很生气，好像我做错了什么似的。"

老师："哦，你能和老师说说什么让你生气吗？"

小芮："就是这个周我们班要举行第二次读书分享会，这个事儿班主任就交给我和语文课代表做了。他非要周三开，我说周五开吧，平时大家第四节课可能都要写作业，而且到周末了时间相对宽裕些，再就是万一大家周三没准备好，也可以有4天准备时间。"

老师："看来是两个人对哪一天开读书分享会产生了分歧，你对时间的选择考虑会更多。你的这些想法和语文课代表沟通过吗？你是以什么身份去和课代表筹划这个事情的？"

小芮："说过，就是在说这些的时候都快吵起来了，他是正的语文课代表，我是副的，气人的是他当着全班同学的面说，有人说他定在周三开读书分享会是独裁。"

老师："那你说过他独裁吗？"

小芮："就是因为选哪一天开争论起来，我坚持周五，他说要不让班主任定或者问大家，再加上之前的争辩，我就说你太独裁了。老师你说平时收作业什么的他都不做，都是我干活儿，怎么分享会就非要听他的？"

老师："你想分享会的时间听你的，如果听他的是独裁，听你的呢？总之要听一个人的。其实你们是在为班级服务，却自己吵起来，让心情不愉快。"

小芮："哎，就是，我知道自己脾气大，也想控制，第二天也去主动找他道歉来，但是他没有理我。"

老师："看来你的脾气来得快去得也快，能有勇气承担并道歉表明了你的大度。"

小芮："没办法，以后抬头不见低头见的。"

老师："有时候人在气头上可能就不会那么理智，而且作为正副课代表，如何配合工作才是你们所有矛盾的症结，有机会可以和他就这个话题谈谈。”

小芮：“嗯，我想过一阵子吧。”

【咨询过程】我到底是不是你的好朋友？

小芮：“其实和课代表之间的问题现在看来，就是我们职责上重复，每个人都想按照自己意志行动，再说我和他也不是很熟悉的好朋友。其实我觉得我的偏激不但影响到了我的学习，而且是不是连朋友也不会有？”

老师：“看来你很在意自己的偏激，你如何理解偏激？”

小芮：“就是感觉自己说话很直，爱憎分明那种。”

老师：“直截了当，你的喜欢和不喜欢都会表现在脸上和口头上。”

小芮：“对，老师，我宿舍的人说我容易得罪人。”

老师：“有时候我们说话，说者无心，听者有意。”

小芮：“老师，其实，最近让我最苦恼的是和我闺蜜的关系，高一我俩就很要好，高二分班以后同时分进重点班的，现在在一个宿舍，以前都是一起到教室、一起吃饭，互相等对方。可是最近班上转来一名新同学，应该是外校的，她俩走得很近，不是，应该是把我排除了。”

老师：“把你排除是她们俩一起，而你自己落单吗？”

小芮：“差不多吧，看她俩好成那样，我也觉得自己没有插足的必要，毕竟好朋友一个就行。”

老师：“你把闺蜜当成你最好的朋友？能不能和老师谈一谈你们俩是如何成为朋友的？”

小芮：“其实我这种性格挺难交朋友的，脾气又不好，爱挑刺儿，高一的时候人缘不是很好，她当时身体比较弱，经常请假，我就主动关心她，帮她记记作业一类，一来二去我俩就成为好朋友了。高二分班，我们分在一起还是一个宿舍，这个关系也就维持下来了。”

老师："所以这个闺蜜好朋友对你很重要，而转校生来了以后你感觉要失去她了。"

小芮："我们现在已经很少在一起学习、吃饭了，晚自习回宿舍我也不想等她了。"

老师："你们是同宿舍吗？"

小芮："恩，抬头不见低头见，感到别扭。"

老师："能具体地说一下怎么别扭吗？"

小芮："她是社长，要安排打扫卫生啊什么的，又不能完全不说话，但是我觉得我们回不到以前了，我也不想和她说话。"

老师："这么看来，你的闺蜜并没有完全冷落你，还是会说话，而你似乎不太想搭理她。"

小芮："老师，上课更尴尬，我们还是一个小组的，要讨论问题，她和那个女生坐得挺远的，但是下了课就跑到那儿去有说有笑，我心里看着很不是滋味，我挺讨厌那个女生的，看着她俩说说笑笑我就难受，想发脾气。"

老师："想发脾气，对谁？转班女生？还是闺蜜？"

小芮："当然是转班女生了。"

老师："看来你对她有很大的成见，你能从班主任或任课老师的角度，为我描述一下转班女生吗？"

小芮沉默了一会儿，好像是在用心思考，专注地在组织语言，又或者可能是用沉默在排斥我的建议，毕竟在她看来转班生抢了她的闺蜜。好在小芮开口了……

"在老师眼中，她应该是挺用功的，要不然就不会从普通班转到重点班。她挺有礼貌的，和同学的关系也处得不错，感觉很有人缘，听其他宿舍人说她爱干净……"

老师："这些看来，都是她的优点，作为陌生人的我听了你的描述还没法讨厌她呢！"

小芮笑了："其实这人没大问题，可能是我对她有情绪吧？"

老师："你觉得有什么情绪？"

小芮："反正就是看着不顺眼，想找她事儿。"

老师："如果不是转班生，是闺蜜和班里其他人好了，你也会找事儿吗？"

小芮："会，因为感觉好像自己被背叛了，本来我们那么好，以前我经常帮她忙的，而且高一我们之间还有一个朋友，但是我还是倾向于和她一起学习、吃饭和散步。"

老师："你希望闺蜜像你对她一样对待你。"

小芮："难道不应该是这样吗？起码她也应该考虑一下我的感受。"

老师："你的感受是什么？"

小芮："孤零零的一个人。"

老师："真有那么可怜吗？宿舍不是应该很多人？班上还有其他朋友吗？"

小芮："其他的同学也都只是泛泛之交，况且人家也有自己的朋友圈子，我也插不进去。"

老师："所以，你的意思是闺蜜就是你唯一的好朋友，那如果放假不在学校，你见不到她，要怎么维系友谊关系呢？"

小芮："也不能说就是唯一的朋友，我还有个发小，因为她在其他学校，我们就是放假才会在一起玩儿，平时也不怎么联系。但是我们的感情就是常年不联系、见了面也一样能说个不停。"

老师："那么看来，假期有了发小，闺蜜可以排第二了！"

小芮："不能这么比，那个认识的时间长啊。"

老师："那闺蜜为什么忽然会和转班生变得要好呢？"

小芮："好像听说她俩是初中同学，小学好像也一起，可能她人缘好呗！"

老师："恩，这么看来两人之前就认识。如果说今天转来的是你的发小，情况会怎样？"

小芮："当然很开心啊，多了个朋友。"

老师："那么闺蜜会有什么感受呢？"

小芮眼睛突然亮了，表情也不再那么消极："老师，我明白了……"

老师："明白什么了？"

小芮："她来突然变成好朋友是有原因的，可能之前就很熟悉。我似乎能理解她了。"

老师："这么想来，这段友情也不会消失，你还很在乎闺蜜的感受。"

小芮："恩，毕竟快两年的友情，而且我也找不到其他很好的朋友。"

老师："你提到闺蜜对你的态度，但你感觉到背叛，老师感觉这里面有生气、委屈等消极的情绪，你对她的抱怨形成了消极的思维定式，于是你看到她俩交往就觉得不舒服，甚至看转班生都不顺眼了，自己一个劲儿地在生闷气。有没有更积极的应对方式呢？"

小芮："我也不是真的生她的气，就是觉得她太忽略我的感受了。"

老师："那么就把你的感受说给她听一听，也许她并没有意识到自己对你的忽视呢？"

小芮："恩，我想想吧！"

【咨询主题】

同伴交往问题，是高中生前来咨询的重要内容，其中又以与挚友的交往关系问题居多，仅次于学习焦虑和自我意识辅导，如果说后两者是学生对自我的觉察和困惑，那么同伴交往则更容易引发学生情绪的波动和行为的异常。通过梳理和分类学生因为同学矛盾而前来咨询的案例，我发现高中生的同伴交往表现出以下特点：

（1）在交友面上由以前的一般性的普遍交友演变为个别性的交友，出现了所谓的“挚友”“闺蜜”和“哥们儿”，好友的数量随着年级的升高有下降的趋势，此时的朋友会发展成一生的好友。

（2）高中生的友谊是以情感的共鸣和体验的分享为基础的，所以通常他们在选择朋友时，受到性情、兴趣、脾气秉性等感性因素主导，更加看重人际吸引的相似性原则。

（3）随着年级的升高，高中生对同伴关系的私密性和紧密度的需求呈上升趋势，对好朋友的标注也变得复杂，他们对同伴朋友的选择更强调相互理解、忠诚和亲密感，更看重的是同伴在心理上的默契和相互理解。

（4）与亲密伙伴的不愉快是影响高中生人际不良的直接因素，与好朋友的同伴冲突经常以语言冲突居多，冲突发生时，伴随强烈的负性情绪体验，例如愤怒、委屈、害怕、担忧等。女生更容易因同伴关系受阻而影响心情，也更倾向于向外界坦露心事和寻求帮助。

（5）群体交往开始慢慢分化，小圈子的友谊开始多了起来，经常会看到两三个或者四五个交往甚密、意气相投的同学，或因班级座位相近、相同的宿舍等原因而聚堆交往，具有一定的排他性。

【咨询手记】

在这个案例中，小芮貌似在向我求助如何缓解和正语文课代表的关系，实际问题的症结在于她与闺蜜关系的修复。从来访者的叙述中，我能给这段同伴关系评判是非吗？能去安慰小芮感觉背叛和受伤的心吗？能去谴责闺蜜对小芮的“忘恩负义”和“渐行渐远”吗？人际关系方面的困扰常常不是个简单是非问题，而是交往策略问题。

这对好朋友问题的根源在于一个缺乏敏感，一个又不爱表达，二人都缺乏心理换位。心理换位是人与人之间在心理上互换位置，在冲突和矛盾面前都能设身处地从对方的位置和角色情景去思考，体会对方行为背后的动因。另外，小芮的急性子也造成她遇事爱钻牛角尖，遇到问题时固执己见，不愿意放弃自己的想法和做法，总觉得自己的想法和做法是正确的。这其实是一种自我中心的表现。最后，小芮较内向的性格也会影响她对自我感受的表达，从而集聚负性情绪体验。所以，在咨询的对话中，我尝试和来访者探讨三个问题：一是帮助她客观地看待转校女生，宣泄与疏导对闺蜜的负性情绪。二是帮她回顾与闺蜜的交往过程，肯定其为这段友谊的付出，寻找一个对“背叛”感到释怀的理由。三是鼓励她更加积极地面对与闺蜜的交往，保持适度的心理距离。

这个案例来访者只来了咨询室一次，后来我主动找她做了回访，了解她与闺蜜的关系进展以及与正语文课代表的矛盾处理。小芮说并没有就今后工作分工问题进行商讨，还是觉得自己没有错，是对方不够大方，此事也就不了了之。她主动去找闺蜜谈了谈自己“被忽略”的感受，闺蜜也告诉她“还是很喜欢芮芮，并不是故意疏远”，虽然小芮还是觉得友谊间有根隐形的“刺”，但是能更加设身处地为闺蜜着想，不想让她做二选一，并且也开始尝试与转班女生接触，建立三人的友谊关系。听到她主动努力地改善三人关系，我感觉很放心，她不再是那个在咨询室让我感到退缩和委屈的小芮，我再次肯定了她在处理闺蜜关系过程中的付出和努力。回顾个案，小芮在回访中还是提到自己偏激，看不顺眼的爱挑刺儿，联想到第一次主诉的内容，情绪管理和自我意识或许应该作为咨询的长期目标，而第一次也是唯一一次的咨询被人际关系的两个困扰弱化了。

拿什么爱你，我的家人

——一例由二胎引发情绪障碍的沙盘辅导案例

青岛平度市教学研究指导中心　傅大坤

一个充满阳光的午后，刚刚上班的我接到了一个陌生的来电，电话那头的沉重让这个充满阳光的午后瞬间多了一丝清冷。也就是从这个电话开始，让我有幸能够和一个叫乐乐的小女孩一同成长，一同度过了一段难忘的时光。

一、个案基本情况

乐乐（化名），女，汉族，11岁，就读于一所农村小学四年级，文静有礼貌，性格内向，高挑白皙，一直与父母同住。2014年11月曾患过敏性紫癜，后到青岛治疗后目前已痊愈，没有任何生理上的后遗症。2015年9月开始，出现不让他人触碰的情况（父母和弟弟除外），一旦他人碰触她及她的物品，她就会很生气，并不断反复清理物品。

她的母亲在一家企业务工，父亲是公务员。父母关系和谐，对子女的教育要求很严格。在来咨询之前，母亲刚刚生完二胎。根据母亲描述，在决定是否要二胎之前曾多次征求过乐乐的意见，乐乐表示坚决反对，但是在弟弟出生后对弟弟关爱有加。

乐乐虽在村小就读，但是成绩一直稳居学校第一名，其成绩在平度市来看也是名列前茅的。但从2016年3月新学期开学开始，出现厌学的情况，老师多次家访均无效。学校领导觉得乐乐这样下去很可惜，于是找到了我，希望我给予一定帮助，让乐乐尽快回到学校学习。

二、咨询过程

1. 初始关系的建立

在接到求助后，我事先跟乐乐的妈妈进行了初步的电话沟通，向乐乐妈妈阐明了寻求心理帮助的几个问题：① 作为父母，必须要事先征求乐乐本人的咨询意愿；② 咨询中所有涉及乐乐本人的问题，我都要为乐乐保密，如有需要我会和父母进行沟通，除此之外，我和乐乐的工作过程，作为父母都不能干预和探查；③ 作为父母，需要配合我做好乐乐的观察工作，每次咨询结束后，我会将需要观察的点告知父母，父母要做好相关的观察工作，并在下一次的咨询中进行反馈；④ 心理咨询的过程并不是立竿见影的，是一个需要等待的过程。

乐乐妈妈表示之前跟乐乐做了很好的沟通，乐乐也有寻求帮助的意愿，并表示她和乐乐爸爸将全力以赴做好配合工作。

2. 具体咨询过程

阶段1（第1～2次）：问题呈现

第一次咨询，乐乐在妈妈陪伴下按时来到了咨询室，我终于见到了校长和家长口中的学霸女孩，她比我想象的还要文静、白皙。在接待室里，我事先为她们备好了茶水，是淡淡的花茶，这是我本人的最爱，也是我和来访者建立关系的一个工具和途径。

乐乐和妈妈坐定后，就被这杯茶吸引了，她看着我说："老师，这里面是什么？"我告诉她，里面是玫瑰花、黑枸杞，随着水温的变化，花茶的颜色也会随之变化。显然乐乐察觉到了这种变化，她露出了淡淡的微笑。

咨询师：乐乐，一会儿我们需要到隔壁的房间去玩一个游戏，你可以选择一个人去也可以选择由妈妈陪伴。

乐乐：（乐乐看了看妈妈）我想和妈妈一起去。

妈妈：乐乐，你自己和老师去吧，我就在这里等你，你都是大人了，还需要妈妈陪吗？

（乐乐起身喝光了自己的那杯花茶，并将妈妈的那杯也喝光了。）

图1　第一次沙盘作品：无题

在跟乐乐简单介绍了沙盘游戏的规则后，乐乐带着些许的紧张开始了她的沙盘创作中，大概三分钟的时间，乐乐就完成了图1的沙盘，需要说明的一点是：在隆起的沙堆中还埋藏着一个百宝箱的沙具。

在摆完卫兵后，乐乐沉思了片刻，问我可否重新创作，我将是否创作的权利给了乐乐自己，她将所有的沙具全部拿回了，开始了第二轮的沙具摆放。

第二次的沙盘用时30分钟，在完成后乐乐很干脆，没有丝毫的犹豫。

乐乐为这幅作品起名为夏，并为这幅作品讲述了一个完整的故事：夏天来了，天气很好，大家都出来玩，海边发生了很多有趣的故事：一个发怒的小人因捕不到鱼很生气，一个小男孩拿着小叉子准备下海捕鱼，还有

图2　第二次沙盘作品：夏

一个遛狗的男人，一对父子也正在脱鞋准备下海游泳，在海岸上小男孩找不到爸爸了，很着急，而他的爸爸却正在跑步，丝毫没有觉察自己丢掉了孩子，一个小画家对美人鱼说："美女，我可以为你画幅画吗？只需要100元。"而最后美人鱼发现自己被画成了猪，在远处一个小男孩在扔回旋镖，还有一个老妇人在送礼物，是送给有缘人的，一对兄妹因考试不理想很难过，所以出来散心。

在讲完故事后，乐乐对自己的沙盘进行了两次调整，而她所调整的部分也正是她自述中最满意的部分。走出沙盘室，乐乐最先去做的事情是到卫生间洗手，并持续了几分钟的时间。

反思：从急匆匆的初始沙盘，到第二次的沉静，陪伴的过程中我能感受到乐乐从开始的紧张到后面的逐渐平静，也感受到乐乐由一开始的防御戒备到第二次沙盘的部分开放。但是让我困惑的是，乐乐调整的部分恰恰是她自述中最满意的部分，这让我察觉到乐乐对于目前生活状态的表述，也许并不如她自己所说的那么美好、那么让她满意。这也可能是她厌学的一个重要原因。

就在结束咨询的第二天，乐乐妈妈很兴奋地打电话给我，说乐乐做完咨询后第二天就主动要求上学了，这让他们一家人都很开心。听到这个消息，我很兴奋，因为我知道第一次咨询起到了一定的作用。

第二次咨询是一周之后，这次乐乐是由父母两人陪同，爸爸是一个沉默寡言的人，在简短的对话中，爸爸始终是沉默的，妈妈因为乐乐的转变很开心，乐乐的状态也明显比第一次来的时候好了很多，整个人轻松、自然了很多。

图3　第三次沙盘作品：王者之争

图3的第三次沙盘乐乐用时10分钟，为我带来了“王者之争”这样的一个故事：最大的那条眼镜蛇相当于森林王者，其他动物很不服，海龟、小眼镜蛇、小象妈妈都想成为王者，最后还是骆驼说：别争了，沙漠中没有水，大家会渴死的。但是大家依旧争论不休，最后在大家生命垂危之际，是骆驼为大家找来了水，救了大家，于是骆驼成为王者。

在调整时，乐乐拿走了除骆驼外所有的动物，并征求我的意见想要重新摆放沙具，于是在第二次咨询中又出现了两副沙盘作品。

图4　第四次沙盘作品：宠物世界

在15分钟的时间内乐乐摆完了图4的这幅沙盘作品，我引导乐乐从不同的角度重新审视自己的沙盘，并给予她沉淀情绪的时间，沉淀后乐乐为我讲述了这样一个故事：这两个小男孩是同学，他们都想买两只狗作为宠物，但对狗狗的要求却不相同，右边的小男孩想买一只乖巧的狗，而左边小男孩想买一只强壮有力的狗，两个小男孩都挑到了自己满意的宠物狗，但是在第二天他们去领取的时候，却被自己看中的狗咬伤了，狗咬伤他们后就跑了。乐乐分享完这个故事后，长舒了一口气，说心情好多了，我并没有问在过去的一周内发生了什么，但是我可以觉察出乐乐的心情每次都会有变化。

这次沙盘结束后的第三天，乐乐妈妈给我发了一条信息，除了感谢，乐乐妈妈跟我反馈了两次沙盘后乐乐的一些变化：乐乐现在已经不担心别人会伤害她了，而且其他同学可以坐在乐乐的床上（乐乐是住校生）了，虽然乐乐还是会有点不情愿，但是并没有出现之前的情绪反应了，乐乐自己也很开心这种变化。

阶段2（第3～5次）：调整阶段

第三次咨询依旧是一周后，这次乐乐穿着新学校的校服，乐乐转校了，乐乐妈妈说在来之前，乐乐很担心我看到她的新校服会不开心，这次乐乐来了之后，稍显紧张，像第一次一样在不停地喝水，可能是换了新学校的原因，乐乐需要重新去适应与调整。

这次咨询中有一个小插曲，由于下午老师们做的团体沙盘没有拆除，所以在乐乐进入沙盘室后看到了沙盘，我觉察到乐乐有明显的情绪变化，在原有紧张情绪的基础上多了一份不安与焦虑，我解释说这是我们老师成长用的团体沙盘，我们也经常会到这里来玩。在将团体沙盘用布遮盖后我邀请乐乐一同来平沙，希望通过平沙的过程缓解她的情绪。这次沙盘乐乐摆了30分钟，在这30分钟里，乐乐比前四次沙盘有了更多的犹豫。

图5　第五次沙盘作品：相遇

引导乐乐重新审视沙盘后，乐乐找到了图中的位置，这是沙盘的右上角的角度，乐乐为沙盘命名为“相遇”，是在飞机场接机时不同的人物发生的不同的故事。引起我关注的是在这个故事中乐乐提到了两次欺骗，分别是爱人间的和母女间的，但是对于两次欺骗的表述和情绪却不相同。在图5中，乐乐最满意的部分是那个开出租的司机，因为他挣到了很多钱。在引导乐乐将此次沙盘与前四次沙盘进行对比时，乐乐说这次的沙盘中有开心的也有不开心的，但是前四次沙盘基本上都是开心的，这表示乐乐能够敞开心扉，做好准备去面对和迎接她情绪中负面的信息，并开始真正地觉察自己的情绪与生活。

一周后，乐乐完成了她的第六次沙盘，这次沙盘的用时比第五次还要久，这也说明乐乐开始用心地投入沙盘中。

此次沙盘乐乐讲了一个很有情节的故事，在连续六次的沙盘中，我发现乐乐的故事越来越丰富，越来越细致，这也从另一个侧面说明乐乐的投入度越来越高。在这次沙盘中，右上角出现了塔的沙具，虽然乐乐在分享

图6　第六次沙盘作品：喜事

时并没有做过多的解释，但是结合乐乐五次沙盘过程中的变化，说明乐乐现在已经明确了自己需要成长的点，也正在积蓄面对成长中问题的能量。

按照我们最初的咨询时间的约定，第七次咨询由于中间隔着一个假期，所以假期结束后乐乐来到了沙盘室，完成了她的第七次沙盘。

图7　第七次沙盘作品：完美

这次沙盘乐乐用时40分钟，在这40分钟里，乐乐更加用心、精细。每一个沙具的选择都经过仔细的斟酌与感受，在最终呈现的这幅沙画中，出现了色彩丰富的花草树木，并出现了大量的食物，并且将这7次沙盘对比起来看，乐乐在沙盘中呈现的人物越来越少，说明乐乐越来越走向自己的内在，这次沙盘乐乐给了我很大的惊喜，她为这幅作品命名为“完美”，并第一次呈现了她自己的真实生活，出现了她的父母和妹妹，并呈现了一家人一起聚餐的场景，这次沙盘的整个创作过程都是轻松愉悦的，在最后走出沙盘室的时候，乐乐是蹦蹦跳跳地离开的，在为乐乐的成长感到高兴地同时，我也隐隐地觉察到我和乐乐的咨访关系可能马上就要接近尾声了。

在这次咨询结束后，乐乐妈妈给我打了电话，说乐乐最近的状态特别好，整个人开心和轻松了很多，和同学、老师的关系也融洽了很多，虽然乐乐还是不愿意别人去动她的物品，但是也已不再像之前那么抵触了，乐乐很享受自己的这种变化。我知道我与乐乐可能真的要说再见了。

第六次咨询，当乐乐兴高采烈地来到我的咨询室，我征求了乐乐的意见，乐乐说她觉得可以了，不用再做沙盘了，她想画画。于是我们在沙盘室，在这个乐乐获得成长的地方画了一幅作品，作品的名字是“感谢”，我很感动，因为乐乐在画中用她的方式表达了她内心对我的感谢、认可，我告诉乐乐，其实应该说感谢地是我，因为与其说是我陪伴乐乐，倒不如说是乐乐在陪伴我，陪伴我获得成长，让我在她的世界里看到了自己的部分，很遗憾这幅作品没有照片，因为我将这幅作品又送给了乐乐，我希望她可以永远这么快乐，这么勇敢。

在这个咨询过程中，让我震撼和感触的是：① 作为咨询师，我们要真正相信来访者，相信他们才是真正解决问题的专家；② 作为咨询师，我们要真正做到无条件的陪伴，真正为来访者创造一个安全、受保护的空间，因为在第三次咨询中，由于我个人的原因，那天我是比较匆忙和焦虑的，那天乐乐的沙盘和这个过程就不是很顺利，也是有明显的情绪的，所以那次咨询之后我反思：作为咨询师，我们的状态真的会影响到来访者，所以作为咨询师，我们必须要先调整好自己的状态，然后才能带给来访者更多的能量；③ 作为咨询师，需要我们调动身上的每一个细胞去捕捉来访者的每一个表情、动作和瞬间，并将这些瞬间与来访者的变化或是状态进行链接，只有这样，我们才能更好地觉察来访者。

这就是乐乐的故事，这也是我的咨询故事。

沙盘游戏在注意力缺陷儿童情绪行为问题中的运用

青岛平度市教学研究指导中心　傅大坤

2016年8月，天气依旧那么燥热，知了不停地在提醒我们，许久没有降雨的大地已经干涸到了极点。就在这样一个燥热的夏日午后，我接到了一个陌生的电话，电话是一个学校的校长打来的，大概的意思是，他们学校有一位让老师和领导都很关注但同时也很头痛的小男孩，总是坐不住，已经影响到了班级中其他同学正常上课，其他家长也多次找到学校，无奈之下，这位校长找到了我，希望我从心理角度帮助一下这个特殊的孩子。

在电话中，校长多次提到怀疑这个孩子有多动症，作为一名专业的心理咨询老师，虽然我并不同意这种乱贴标签的做法，但在电话沟通中，我对主人公彬彬（化名）有了一个最初的了解。

彬彬，9岁，就读于农村某小学二年级，从上小学开始就始终坐不住，在课堂中不停地发出奇怪的声音，没有朋友，对所学的知识更是知之甚少。

随后，彬彬的妈妈打来电话，听口音，我了解到彬彬是从东北举家迁回到现在所居住的村庄，在电话中，我与彬彬妈妈就咨询中应该注意的问题进行了沟通：① 咨询必须本着孩子自愿的原则，必须尊重孩子自身的意愿；② 咨询时间是两周一次；③ 咨询中涉及彬彬个人的问题我都会全程保密，需要与彬彬父母进行沟通时我会主动跟他们沟通；④ 因为彬彬的情况比较特殊，所以在咨询进程中我会联系学校，跟踪彬彬回校之后的情况。

在电话中，我和彬彬妈妈确定了第一次咨询的时间。

第一次是彬彬妈妈陪他来到了我的咨询室。他应该是属于比较健壮的小男孩，我主动牵起他的手，彬彬并没有拒绝，我带他和妈妈一起进入了我的咨询室，彬彬一路上显得很好奇，对于这个陌生的环境，彬彬表现得很兴奋，在跟他的交谈中，我发现彬彬的语言表达并不是很顺畅，说话也很含糊不清。进入咨询室后，我先就彬彬的情况进行了初步的了解，在这个过程中，我也没有停下对彬彬的观察，在我和彬彬妈妈聊天的过程中，彬彬就在我们旁边的沙发上不停地活动，通过彬彬妈妈的交谈，我进一步丰富了对于彬彬的信息。

彬彬自4岁起从外地转学回到山东老家。出生时无异常，身材比同龄人偏高大，在2岁左右得过急性休克；有一个姐姐，父母均在当地打工。彬彬自小跟母亲的时间比较多。

自上幼儿园开始，彬彬就出现了坐不住的情况，注意力低下，自制力弱，经常与同学发生冲突，而且很敏感。父母曾带彬彬到妇儿医院进行过专业诊断，彬彬妈妈始终没有透露真正的结果，但通过对彬彬的初步了解，彬彬的心理年龄和智力发展水平显然比同龄的孩子要滞后一点。

图1　第一次咨询

我们的第一次沙盘咨询开始了，其实从进入沙盘室开始，彬彬的注意力就被沙具所吸引了，当我说“彬彬，你可以尝试着用这些玩具去创造一个属于你的世界的时候”，彬彬迫不及待地投入沙盘游戏中。

图1就是彬彬第一次摆的沙盘，在整个过程中，斌斌一直都在自言自语，内容大都与《熊出没》这部流行的动画片有关，在整个过程中，彬彬会时不时地拿着他的沙具走到我的眼前，对我说：“老师，你看，你看！”彬彬的初始沙盘所有的空间都被布满了，从图1我们看到，所有的沙具都是一排排的，他在摆放的过程中，也是极有条理性的，他会将所有的沙具摆得很整齐，一排排地这样摆过去，在最后当我让彬彬去分享故事的时候，他并没有讲出一个完整的故事，而是摆完后直接离开，去隔壁的接待室找妈妈了。

图2和图3是彬彬的第二次和第三次沙盘，跟第一次相同的是沙盘被布置得满满的，不同的是虽然都很满，但是彬彬在沙具的选择上开始越来越细心，不再是抓到什么就往沙盘里放什么，而是有选择性地放置到沙盘中。在第二次沙盘右上角的部分，彬彬是拿了两盒水果，直接倒进了沙盘中；而到了第三次咨询，面对同样的水果，彬彬每一个都精挑细选，并按照顺序整齐地摆放开来，我知道规则已经在彬彬的心中慢慢地生根发芽，50分钟的沙盘时间，彬彬前三次每次都是满满的50分钟，由第一次选择沙具时的毫不犹豫，到第三次的精挑细选，我看到了彬彬的变化，而我的这种想法也得到了印证。在完成了第三次沙盘之后，我和彬彬妈妈进行了一个阶段性的沟通。彬彬妈妈反馈说，彬彬在学校已经有很大的变化，上课时不再发出奇怪的声音，也不再扰乱课堂秩序，甚至在升国旗仪式中因表现出色，得到了级部主任的表扬，而且彬彬交到了朋友，开始学会向别人去表达自己的想法和感受。

这些变化让彬彬妈妈和彬彬自己都感到很开心。

图2　第二次咨询

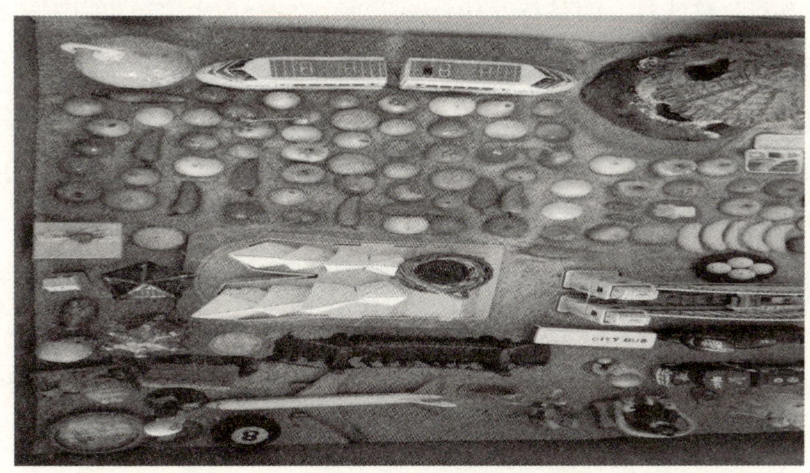

图3　第三次咨询

从第四次咨询开始，彬彬的沙盘出现了明显的变化。

图4　第四次咨询

图4这张照片是从彬彬最满意的角度拍摄的，在第四次咨询中，彬彬开始并没有着急拿沙具，而是持续10分钟抚沙，在图4中大家还可以看到抚沙的痕迹。当彬彬抚沙时，我是感动的，因为我知道彬彬正在和内心的自己进行对话，在这个过程中，彬彬没有发出一点声音，很安静。10分钟抚沙结束后，彬彬很自然地去取沙具，也是从这次咨询开始，彬彬没有再出现自言自语的情况，同时在沙盘中出现了空白的区域。在这次结束后，当我再次邀请彬彬选择一个舒服的角度的时候，彬彬第一次给了我回应，并选择了照片中的这个角度。

从第五咨询开始，彬彬的沙盘又出现了一些变化，将图5、图6和图7比较来看，彬彬开始将沙具摆在沙盘的底部且比较集中，沙盘的上半部分开始出现大面积的空白，并且通过7次沙盘的比较会发现，有一些沙具是每次都会出现的，护士、伦敦大桥、果实、动车组的出现频率都很高。在第五次咨询中，出现了一个小插曲，在做到25分钟的时候，彬彬说想让妈妈陪着去上厕所，在上完厕所之后，彬彬就没有再进行沙具的选择和摆放，而选择了直接离开，我能明显感觉到中间这一过程的间断，直接影响了彬彬的状态，对于彬彬这样的孩子而言，当他们走进内心世界的时候，一旦出来，再想进入需要比第一次更久更多的时间，所以这也给了我很好的经验与觉察。

图5　第五次咨询

图6　第六次咨询

图7　第七次咨询

彬彬的咨询，可能是我说话最少的一次，因为跟彬彬的交流并不是语言的，而是内心的，我们通过沙具、沙子和沙盘，在彬彬自己的世界里相互陪伴、相互成长、相互学习，在第七次咨询即将结束的时候，彬彬拉着我的手说很喜欢老师，我能感受到他发自内心的喜欢，很感动，也很感谢，虽然当时我并不知道这可能是我和彬彬的最后一次咨询，但是我知道三个月的时间，彬彬所有的变化都源于他自己的成长和能量。

第七次咨询结束后，由于接到了去外地长期培训的任务，所以咨询就此中断了，在之后与彬彬妈妈的电话回访中，我了解到彬彬越来越适应学校的生活，越来越能够融入正常的同伴群体中，虽然咨询关系结束了，但是感谢彬彬，带给了我不一样的咨询体验，也感谢三个月以来彬彬的陪伴和成长。

这就是我和一个被大家认为是多动症的孩子的故事。

拨开迷雾，重塑自我

——高一新生适应个案辅导

青岛胶州市第四中学　赵建超

美国哈佛大学心理学教授埃里克森提出心理社会期发展论，将人生全程分为八个时期，人生每一时期均是“危机与转机”的关键，人的一生每一时期各有特定的问题或困难，困难未解决之前，心理危机将持续存在，困难化解，危机化解，危机变为转机，就会顺利继续发展。

青年期心理发展的关键是自我角色的认定与归属。发展顺利，则自我观念明确，追寻方向肯定。而障碍则表现为生活缺乏目标，时感彷徨迷失。

从初中走进高中，青春期的学生面临又一次新生活的适应。顺利走过适应的困难期，对他们的高中生活来说，可能意味着好的开始是成功的一半，然而如果不能顺利走过这次适应困难，就会给高中生活带来障碍，这种障碍有可能影响一生。

场景一：男孩的哭泣

时间：返校的周日

地点：学校的小花园

一个周一的晚上，9点半左右，我经过学校的小花园，忽然听到小湖旁边有断断续续的哭声，循着声音走过去，我看到一个瘦弱的男孩子在哭泣，旁边一个高大的男生正在焦急地安慰他，还有一个中年妇女，在旁边不住地抹眼泪。“赵老师，你来得正好，快来帮帮忙，小治又吵着要回家了。小治妈妈，这是我们学校的心理老师，我们让赵老师劝劝小治吧。”

高个子男生一下子认出了我，连忙向我求救。中年妇女也急忙把我拉到一边。“老师，我这个儿子，我实在要被他折磨死了，双休日回家后就不愿意回学校，在家里又哭又闹，你看今天，连哄带骗把他送来，现在又这样，我怎么这么苦命呀。”说着，又开始抹起了眼泪。我和小治约定第二天面谈，出于对我的信任和些许期望，小治愿意当晚先回寝室休息。

第二天，我从班主任处了解，小治曾经多次反映只要走进学校就觉得不舒服，心情郁闷。出生在单亲家庭的他从小和母亲一起生活，在母亲的过分呵护下，小治习惯以自我为中心，性格内向，不愿意主动与他人交流和沟通。刚来到学校，小治没有交到朋友，对于和同学的相处，他甚至感到有些害怕。

场景二：长谈

时间：第二天傍晚

地点：学校操场

那是一个宁静的傍晚，小治如约而至，我们在操场台阶上坐下来。“小治，今天是我们的第二次见面，我很想听听你对高中生活的看法。”我微笑地看着小治，等待这他的回答。小治望着寂静的夜空，许久，他开口了：“这两周的高中生活简直就是一场噩梦，我讨厌寄宿生活，同学都不喜欢我，我讨厌高中，觉得自己就要崩溃了。”小治说到这里几乎就要哽咽了。我接着他的话说：“你进入高中以后碰到了一些困难，让你感觉很痛苦，是吗？”这时，眼泪已经从小治的眼眶中流了下来，我递给他一张纸巾，他没有去擦，任凭泪珠滴落在台阶上，我知道，小治的雷已经积蓄得太久了，他需要一次彻底的宣泄。于是在那个秋日的傍晚，在操场旁，我们望着天空坐了很久。直到他渐渐停止了抽泣，我转头对小治说：“我知道，你初中的时候很优秀，与老师和同学的关系都很融洽，是老师和家长的骄傲。”小治点了点头，我继续说：“好，今天你能够如约到这里来，说明你很想改变自己，找回自我。我很愿意和你一起渡过这个难关，你说好吗？”小治抬起头看着我，我们目光相对时，我看到了小治对我的信任。“赵老师，我相信你。”于是，我们约定以后每周面谈两次。此时，我终于舒了一口气，并对小治的改变充满了信心。

咨询师手记：接下来的几次会谈，主要运用认知疗法，帮助小治建立对于人际交往的合理认知。① 向小治介绍情绪ABC理论，使其明确之所以出现人际交往危机的情况是由于自己不合理的内部语言。② 与小治共同寻找自身的不合理的内部语言，例如，“同学们应该谦让我”，“大家应该像父母一样关心我”，等等。③ 与不合理的观念辩论。④ 学会合理思维。例如，“同学关系是平等的伙伴关系，应该互相谦让”。在这样一系列的过程以后，小治的认识逐渐开始变化，他开始有了要积极适应新生活的想法，也觉得周围的环境并不是很糟糕。经过第一个阶段以后，我尝试让小治接触朋辈辅导，并介绍了心理协会两个高二的学生给他。

场景三：尝试

时间：三周后的一个活动课

地点：学校心理咨询室

“哈哈哈……”团体辅导活动室里传出一个女孩子快乐的笑声。“这肯定是小方，我已经把你的大致情况给他们介绍了一下，他们两个都很想认识你。”和小治说着话，我们已经走进了活动室。“赵老师，这就是小治吧？”我们刚踏进活动室，小方就跑过来打招呼。“对，这就是小治。小治，这是小方，那个是阿超，他们两个就是我要介绍给你的同学。”“赵老师，小治，来，到这里坐。”阿超站在围成一圈的四个座位旁边笑着招呼我们。于是，四个人面对面坐了下来。小方先开口了：“小治，你和我太像了，刚进高一的时候，我也痛苦得不得了，老想回家。”说起以前的往事，小方有些伤感，“我也不知偷偷掉了多少眼泪。不过，我终于挺过来了。所以，小治，你肯定也能顺利过关的。如果你愿意，我非常乐意把我的‘找回自我，重塑自我’的独门秘籍传授给你。”“小方说得对，”阿超在旁边补充道："小治，你愿意我们成为你的小赵老师吗？"我一直在旁边关注着小治，他始终认真倾听着两个学长的话，脸上的愁云渐渐褪去。听到阿超的问话，他把目光转向我，我知道他已经有了意向，但还需要鼓励。"小治，试一试吧。"我连忙帮助小治下定决心。"那好吧，我试试看。"于是，三个学生击掌以示关系的建立。

咨询师手记：这次会面是另一个辅导阶段的开始，接下来的时间我经常可以在校园中看到他们三人同行的身影，时不时还能听到隐约的笑声传来。一个月里，我除了保持与另外两个学生的联系以外，和小治的面谈减少到了两次，感觉小治比以前开朗了许多，也交到了更多的新朋友。显然，朋辈辅导有着不可忽视的力量。

场景四：收获

时间：一个月以后的某天

地点：学校的操场和心理咨询室

那是高一第一次月考后的一个活动课，当我经过学校操场的时候，看到学生们正在进行足球比赛，忍不住停下来观战。忽然，一个熟悉的身影冲入了眼帘，原来小治在参加足球赛，奋力地奔跑，积极地争抢，快乐地欢呼，真的很难想象他一个月前的情景。我的情绪也一下子被带动了起来，挤入学生啦啦队中，我扯开嗓门和学生们一起喊："小治，加油！小治，加油！"……第三天上午课间操，小治气喘吁吁，满脸兴奋地跑进心理咨询室，"赵老师，这次月考我进步了很多。现在感觉特别好，和同学相处也很融洽，我逐渐喜欢上了自己的高中生活。"我说："小治，你太棒了，真为你感到骄傲和自豪，你要继续努力，争取更好的成绩！"

可以带着问题去生活

青岛市即墨区第一中学　黄艳艳

【案例简述】表面上看这是一例学生学业焦虑、人际冲突的案例，但在深入工作的过程中发现，这是一个家庭系统问题的个案辅导。

【来访者基本情况】SP，女，16岁，我校2010级学生（高一），家在农村，家中有父亲、母亲和妹妹，和爷爷、奶奶同住，父母都在私人工厂打工。个案自小由爷爷奶奶带大，和爸爸妈妈关系不亲近。

个案初中时学习成绩很好，人际关系一般，但那时并未觉察到有什么问题，进入高中以后，学习成绩在班级排名第21名，第一次模块测验第16名，但个案自我感觉很差，并且感觉自己和同学的关系很差，无法沟通和交流，似乎大家都不喜欢自己，很焦虑，在上校本课时主动联系我，后主动来访。

【个案印象】个案第一次和我会面是在晚饭后的听力时间，她敲门进来，一副焦虑和紧张的样子，还有一些不安，在咨询的过程中，观察到个案说话语速极快，并且会不断地确认咨询教师是否会将与她的谈话泄露，透露出严重的不安全感，说话时一般不直视你的眼睛，两手搓着衣角。

【个案主诉】进入一中以后，我感觉压力很大，自己已经很努力了，可是成绩还是徘徊不前，我感觉自己快完了，什么都不行。老师，你说我该怎么办啊？（她在说话的时候很焦急，会让人瞬间跟随她的那种焦灼而变得有些不安。）我感觉自己各科都不行了，原来英语、历史、地理这些文科还好一些，但现在都不行了，我的理科本来就不好，本来想进入高中以后学习文科的，谁知道上了高中以后，听说2010级开始文理不分科了，我就觉得什么希望也没有了。我很拼命地补习理科了，结果没看到理科有什么大的长进，文科也被落下了，现在觉得自己真的是得不偿失啊！（很悲观、很难受，哭泣）……我这个人不太爱说话，也不太喜欢和同学打闹，以前在初中时就这样，但那时候我学习成绩好，他们都愿意靠近我，过来恭维我，和我在一起，上了高中以后我还是这样，但学习成绩不好了，同学也不爱搭理我，他们都觉得我挺冷漠的，可能我也的确是吧，我不喜欢他们那么疯的样子，但我又希望能够和他们打成一片，我不知道怎么去做，我觉得他们都不喜欢我，我有时跟他们打招呼，他们都不搭理我，我挺难受的，但仍装作没事的样子，其实我心里可难受了……

【咨询师感觉】个案从一开始就让我很纠结，她的叙述中更多地指向外在，比如学习成绩不好是因为高中老师讲课太快，根本不考虑学生的接受能力；同学关系不好，是因为他们不喜欢自己，很没风度；不喜欢别人比自己强，以前不如自己的人现在比自己好就难受……说实话，她言语中传递出的信息、她的行为模式统统让我不舒服。不舒服说明了什么呢？她给别人的感觉是否也如此？或者，她带给我的这种不舒服是要传递给我什么信息？

我努力地将自己调整到一个咨询师的角色上，摒弃原有的价值判断，努力地保持价值中立，认真地倾听个案，耐心细致地做好个案的情绪安抚工作，并在与个案不断工作的过程中，澄清和明确自己的角色，去推动咨询的发展。

【咨询过程】从个案第一次来访到现在有八九个月了，个案会不定期地来到我的工作室，她在约定的时间很准时，一次次算下来，个案的咨询持续了二三十次。

在这个过程中，我从最初的摄入性谈话、倾听、澄清到后来的深层次探究，和个案一步步走向深入，也一步步地发觉其问题背后的深层次原因，个案也很迫切地要解决自己的问题，有主动求助的意愿和改变自己的动机，我们才得以一步步地将咨询深入，并取得了不错的效果。

具体到每一次的咨询细节，我已经记得不是很清晰了，但总起来说，咨询过程大体经历了这样几个阶段：

第一阶段：了解个案资料，建立咨访关系，找出个案认知、思维、行为模式

个案是主动来访的，所以，一开始便直奔主题，希望我能帮她找到提升学习成绩的方法和窍门。在个案叙述的过程中，有些字眼不断地出现，如“我完了”“我快要崩溃了”“怎么办”，但很明显，个案的非言语表情和行为反应与她的言语反应并不符合，个案表述得很沮丧、很难过，但表情有些淡漠，肢体语言有些夸张，却并不僵硬。这是个怎样的女孩儿？她有着怎样的经历？这些问题的背后隐藏着什么？我在最初的三次咨询过后，开始在脑海中打了几个问号。

每次咨询中，她都会提出一个主题，当情况稍有好转，或者发现问题的转机时，她就会迅速转移到下一个话题，比如从学习转移到人际关系，不断地纠结其中，不断地说明问题，即便解决的途径和方法出现，也视而不见，而是会不断地制造问题，这个发现让我挺挫败的，个案为什么出现这样的情况？是她固有的思考和行为模式决定的，还是在我们的咨询过程中习得的？我的积极关注、认真倾听和全然接纳、包容到底是促进了咨访关系还是阻碍了咨访关系？我们之间的咨询关系到底确立好了没有？

我细细地回想前三次的咨询，发现在建立咨访关系的过程中，我有些心急了，个案所表征的问题，我没有仔细地去感受和体会，而是单纯地“头疼医头，脚疼医脚”了，以为让来访者迅速找到问题解决的出口，可以更有利于咨访关系的建立和稳固，每一次，个案都是问题解决后貌似轻松地离开，但下一次又重新开始纠结于同一个问题。

我开始思索自己在咨询中的角色、位置和功能，也许还有很多我没有发现的真相，于是，在第四次咨询时，我调整和改变了个案叙述，我用倾听、切入、解答的模式，抛开个案以往的问题，让个案谈谈她的家庭，她有些惊讶，“老师，问这个是什么意思？”“哦，了解一下家庭的情况，也许对于我们更好地去澄清和发现一些问题会有帮助。”我简单地回复之后，开始等待。个案思索了一下，开始叙述她的家庭情况，她尽可能平静地去描述，而我却在这个过程里捕捉到了几个细节：个案从小是和爷爷奶奶一起长大的，爸爸妈妈对她似乎不是很关心，妈妈现在想要修复和她的关系，但她不想搭理她，她认为母亲在她最需要母爱的时候不在，现在是觉得自己长大了，想要获得自己的认可，以后好养活她。个案有一个妹妹，但她对妹妹似乎没什么感情，因为觉得妹妹有爸爸妈妈的呵护足够了，当然也有一种怨恨，觉得妹妹剥夺了原本属于自己的父爱、母爱。

我忽然有种混沌初开的感觉，个案的问题似乎找到了出口，她在学校生活中出现的问题，诸如学习、人际等，和她的家庭模式是有关系的，在这个家庭里面，感觉父母似乎很无力，爷爷奶奶似乎掌管了一切，她受爷爷奶奶保护而排斥爸爸妈妈和妹妹，也许要解决个案的问题得从家庭系统入手。

第二阶段：咨询方略与辅导

1. 角色扮演和冥想

个案是个思维很清晰、逻辑很明朗、标准理智型的人，所以在和她的言语沟通中，我感觉她的理性意识太强，常常是异常理性甚至冷漠地去分析问题，没有感情色彩的介入。我感觉她的问题有一部分就是理性太强压抑或代替感性引起的，无法停下来去感受自己的情绪，一味地要求自己不断地向前，就容易在目标达不成时产生冲突。

因而，我需要先将个案内心压抑的情感激发出来，让她在自己的情绪体验与感受中去发现和澄清一些问题，于是，我在和个案商讨之后，做了一个角色扮演，我来做个案本身，让个案坐在对面来体会和观察。她一开始怎么也进入不了，我鼓励她不要着急，慢慢地来。个案试了很久，还是无法进入，于是，我又给她做了一个放松训练，让她闭上眼睛，冥想，想象自己就坐在对面，现在的自己是什么状态，她有哪些情绪，遇到了什么困扰，她开始渐渐地进入自己的情感层面，看到自己的恐惧、害怕和担忧，觉得自己挺无助的，却很快地自我打断，从冥想状态中恢复。

我知道这是个案开始触碰自我的开始，需要一个过程，所以接下来，我又陆续让个案做了两次冥想和角色扮演，分别让她去体验母亲、父亲和妹妹的感受，每次个案能够进入体会的时间都很短，但明显地有所触动，我鼓励她静静地去体会，家庭是一个系统，生活在其中的每一个人都是血脉相连的，有着无法割舍的联系，彼此之间都是相爱的，却因为某些原因无法让爱自由地流动，静下来去观察、用心去感受，也许会发现不一样的东西。

2. 相牌叙事治疗

几次角色扮演和冥想之后，个案在某个晚饭后来找我，很开心地和我讲她最近和妈妈的关系改善了很多，回到家会主动地打招呼（以前个案回到家里，都是对妈妈视而不见的，都是妈妈主动和她打招呼，她才勉强地回应），并说妈妈很开心，自己也觉得妹妹也没那么讨厌了，其实妹妹还是挺讨人喜欢的。在说完自己的这些变化之后，她的固有模式“……但是……”又出现了，她说自己现在虽然觉得家庭中有改变了，但是学习上越来越力不从心，觉得很对不起爷爷奶奶，已经很努力了，还是不能达到自己想要的目标。

进入高中以后，个案的学习环境、人际群体、学习内容等都发生了变化，学业成绩也随之有了一定的变化，从我和班主任的沟通来看，个案的几次考试都是一个渐次上升的过程，并非她自我认为的糟糕透顶，本来可以用合理情绪疗法，但个案的思维模式决定了认知层面的调整还是要从情绪开始，于是，我在与个案的两次面询之后，用相牌叙事治疗对个案展开工作。我们针对她的学习状况抽牌，抽了三对牌，依次是停+指责；陌+审判；顺+男女吵架。

个案对牌面的感觉是：学习停滞不前，遭到别人的指指点点；自己在给一帮人讲道理，想让他们听从自己的，但似乎他们都不搭理自己；两个人在吵架，一个男的和一个女的，不知道为什么。她的所有描述依旧是基于理智层面的，很少谈感受。我引导个案重新回归到牌面上去体会，她说自己依旧没有感觉，但眼神中明显有些躲闪，我感觉到她可能是想到了什么，也许有某些东西触动了她，我没有去追问，让她保留对牌的感觉离开。

下一次咨询，她主动和我谈起这次抽牌，提到自己的感受，挺不舒服的，被指责的好像不仅仅是自己，还有父母，她感觉父母在自己的教育上是缺位的，好像爷爷奶奶做了爸爸妈妈所有应该做的，那一男一女在吵架，是爸爸妈妈，妈妈和奶奶的关系不好，为此爸爸和妈妈经常吵架，虽然现在好了，但可能也是有疙瘩的吧，尤其是妈妈和奶奶，总觉得不太自然。可以如何去做工作呢？我引导个案去澄清自己在这个家庭中的角色，去体会自己可以在一个什么样的位置上做工作，她开始有所触动，但改变的过程仍然比较缓慢，不过我感觉个案开始有动了，这就是改变的开始。

3. 沙盘游戏

个案的问题依旧围绕学习和人际关系展开，继续会在这两个方面上纠结，但在学习和人际关系上的推动开始出现，不明显，但在改变了，我感觉个案的家庭系统还是有问题的，有许多需要处理的，也许做沙盘会让她的问题更快地呈现，并寻找到解决方法。很幸运地，在一次咨询过后，她主动问我沙具架上的玩具是怎么回事情，听我介绍完后表示要玩儿一次，我建议她下次约个时间来做，因为做沙盘是需要一定时间的，她不置可否。过了两天，她在下午第四节课后来找我，希望能利用吃饭的间隙来体验一次，我说时间有限，可能我只能给她20分钟时间来做，她同意了，并且在15分钟内就摆完了，她在沙箱里第一个摆放的沙具是一套小桌子、小椅子，恰好也在正中央的位置上，后来在沙箱里摆放了一个穿着蓝裙子的小女孩儿，将她躺着放在沙箱左下角，然后挖了一个坑，把她放进去，一点点扬沙将她掩埋了，后来，又放了好多的彩石在沙盘靠左向上的位置，但也用沙子将它们掩埋了起来，还在沙箱的上方放下了一排绿色的植物，放下了四盆花，放了两把黑椅子，还在椅子背后放了一只狼。在做完以后，我建议她围着沙箱走一圈感受一下她所摆放的世界，她很快地走完，然后试图回沙发上坐下，我请她再感受一下，然后给自己摆放的世界起个名字。她起名为"家"，我让她具体描述一下，她先看了下中央的那套桌椅，提到如果只有三个椅子就好了，我看到了，她把三把小椅子摆放成互相面对的场面，而把另外一把椅子放在了另一个对角处。我问她："椅子上有人吗？"她说"有"，指着三把椅子说，"那是爷爷、奶奶和她"，但没有说另外一把椅子，可见她在有意识忽略掉家庭中的某个成员（我感觉是母亲）。之后，谈到她掩埋的那个女孩儿，她转到那个位置上，将她挖了出来，那一刻，很揪心和难受，她说自己有些事情不想去回忆，就掩埋了，希望成为过去。我没有去探讨到底是什么让她如此地伤感和难过，就让她此刻和她的沙盘世界在一起，这是我们最短的一次咨询，个案在简单探讨之后，回到沙发上不久，很快地说自己要回去上课，没有等我回应，就走了。

我感觉到这次沙盘体验有些东西触动她了，她感受到了自己对母亲的忽略，感受到了自己有一些创伤和痛苦，也许还看到了家庭中存在的某些真相，她一时无法接受，选择了回避，适当的时候也许我们可以重新来探讨。

这一次之后，个案没有再提做沙盘的事情，但她的同学告诉我，她在沙盘体验中发现了很多可怕的东西，她不敢去碰触，所以逃离了（她的同学感觉沙盘游戏很神奇，过来约我做沙盘体验时告诉我的）。她不知道自己如何去面对，想让同学帮忙问一下怎么办，我提醒他们转告她，让她自己来和我做一个探讨和沟通。

过了两天，我和个案的咨询继续，但个案绝口不提沙盘体验的事情，继续谈她的人际和学习，我在这个过程中，倾听、关注并引导个案自己去发现，有些问题呈现出来了，也许疗愈的可能性和方法也就随之出现了，我相信她有这个能力，当她应付不了的时候会主动求助的。

在反反复复的多次咨询过程里，个案开始渐渐地改变，性情开朗了一些，人际关系缓和了许多，对待自己的学习状况可以接受，尽管偶尔还会有些难受，脸上的笑容慢慢地多了起来，每次来和我谈的时候开始说自己最近好的改变，并相信自己可以慢慢地好起来。我知道，个案深层次的问题也许还需要时间，但此刻，她可以带着问题去生活，并且可以生活得不错，这就够了。

【咨询反思】

回顾这个个案，用了我几乎一天的时间，有些片段已经变得模糊，有些片段异常清晰，她的家庭问题始终是我认为应当解决的咨询重点，但在和个案的商讨中，我看到她对这个问题并不是特别关注，她还是着重于解决表面的问题，如人际关系和学习问题，但在解决过程中，她也愿意顺便去解决家庭的问题。心理咨询的决定权其实在于来访者，所以在和个案的商讨中，我们还是将解决人际关系和学习问题放在了首位，所以，让我一直很纠结的，就是她的家庭系统问题，但看到个案今天的改变，我还是很欣慰，也许这种纠结是我自己的，我以为只有解决了这个深层次的家庭系统问题，个案的问题才会解决，但个案现在并不急于解决这个问题，那么，我的推动也许就有些勉强了，不然就这样维持现状好了，心理咨询师不是万能的，我们看到的问题并非一定是非解决不可的问题。我们要做的不是彻底解决来访者的问题，而是让来访者离开心理咨询室和脱离开心理咨询师之后可以带着问题去生活。做心理咨询师不能有“彻底情结”，企图解决所有的问题，说到底，我们只是来访者的一根拐棍，陪着他走一段，当他可以独立行走时，我们就可以离开了，因为接下来的路，需要来访者自己去走，他们会懂得如何去面对问题、接纳问题、处理问题、放下问题，并尽可能地超越问题，这便是我们作为心理咨询师的收获。

请您用心看着我

青岛市即墨区第一中学　黄艳艳

咨询时间：2016.02.28　8：20～10：20

来访对象：母子二人。

来访缘由：孩子周末从学校回家，不肯回学校上学，妈妈觉得这是问题。两年前，孩子曾经经由各种途径，找到过我咨询过一次，但妈妈始终耿耿于怀的是觉得孩子并没有说实话。

来访者情况介绍：（母亲微信告知）17岁男孩，现上高二，对于学校和上学不感兴趣了，不爱上学，不知道自己能做什么，很迷茫；爸爸长年在外工作，陪伴他不多；妈妈全职家庭主妇，在家照顾孩子。

想要解决的主要问题：妈妈希望咨询师能够帮助她劝导孩子，让孩子可以完成诸多目标：怎么做人，尊重人，有感恩的心，自己能阳光，乐观自信。怕他误入歧途。

孩子则对自己目前的状态感觉迷茫，内心对父母有情绪。

咨询师的咨询感受：

约好的8:30的咨询，家长8:10分就给我打来电话。今天天气异常不好，雨夹雪，且是东北风，阴郁的天气为今天的咨询似乎又添了一些沉重的色彩。

不知道为什么，我内心中升腾起一股烦躁情绪，到大厅门口等待，等了大约3分钟，也没见到家长和孩子，我就移到了大厅里面等着。

一会儿，我听到了脚步声，而且还有个孩子抱怨的声音，“一会儿你别说话！”这时我也走到了门口，孩子看到我的一刹那，稍微有些惊讶，但马上收拾心情，和我打招呼。“好久不见！”我招呼着，他喃喃着，“两年了……”

但那一瞬间，我不记得什么时候见过这个孩子和家长，也不清楚当时孩子的情况到底是怎么一回事，尽管妈妈已经提前和我沟通了，但我仍然记不起来了。（这意味着，做咨询一定要记录，哪怕是只言片语，也要记下来，因为你并不清楚，你的来访者在什么时间会再次来到你的面前，并且和你述说你们曾经的那一场咨询。）

进入咨询室，我让来访者自己做选择，是选择和妈妈一起接受咨询，还是妈妈暂时离开，单独和我进行一场咨询。男孩儿说：“随便，她愿意待在这里就待在这里吧。”当妈妈表达说要不自己先离开，让他听听老师怎么说时，男孩儿的情绪瞬间有些激动了：“你就待在这里吧，你也好好听听。”但他转身对我时，情绪马上又恢复平静。有那么一个时刻，我忽然觉得心里面堵堵的，觉得男孩儿很辛苦，很不容易。

当我们正式开始面询谈话时，男孩儿自己谈了自己的困惑——厌学，听课听不进去，不愿意待在学校里。妈妈试图插话，都让男孩儿堵回去了。而当他一点点地去述说自己的故事时，我才发觉，这个男孩儿在他以往的人生历程里，曾经历过怎样的煎熬：爸爸妈妈对待他的方式就是要好好学习，天天向上，但是稍不如意，就会对他打骂。幼小的他曾经承受着这些委屈，直到进入初中，他在一次与父母的交锋中，实在太愤怒了，所以，用手将玻璃打碎了。以后爸爸妈妈就不敢再管他了，也不打他了。（当他讲述这些的时候，你能够明显地看到男孩儿的脸上闪现出一种胜利却无比落寞的表情。而且他在讲述这段经历的时候，你能感觉到一种彻骨的冰凉和难言的寂寞与孤寂。）

我在他停顿的片刻里，会让妈妈来谈谈感受，但妈妈显然不太懂得如何去表达感受，她更多呈现出的是对孩子的评判，就是爸爸妈妈这样做是为了你好，我们如此，是因为你不够好。世间哪个父母不曾动手打过自己的孩子，不曾动嘴骂过自己的孩子？还试图让我给予她支持。

在孩子面前，我该如何去维护这位母亲的权威？因为我分明从孩子的脸上看到不屑，那种深深的鄙视的表情，让我觉到了深深的疼痛。是怎样的教养，才会让这个孩子做出这样的一种不屑的表情，会如此地看不起自己的母亲？因为妈妈不断在说的一个词是“无所谓”，而当她说“无所谓”时，孩子的情绪马上被激起来了。

而在不断理清脉络时，我渐渐发现男孩儿的厌学，其实和他初入高中前的经历有关，他其实自己清楚地知道自己的局限在哪里，他最初想要选择上职业学校，但没想到最后还是考上了普通高中，那些最初的念头在进入高中后灰飞烟灭，并在天长日久的文化课学习摧残中渐渐地失去了方向。他说，“我想学汽修，想随便找个工作，就做汽修。”但他其实想表达的是，“我想成为机械制造和修理类的专家（工程师）”。他被妈妈逼着说出自己去过酒吧、网吧，妈妈说那些场所不是他这个年龄段的孩子该去的，他说他要开个酒吧，让人们进来消费。他说他也为自己的未来打算，他也在寻找一条出路，他也期待自己可以站到一个更高的位置上……

他的言说里表达了太多的期待和希望，那么渴望成功，那么有野心的一个男孩儿，却以厌学、无所谓、混日子的状态呈现在父母、老师面前，该是怎样的无奈和失望才让他以这样的一副模样儿出现？！

妈妈坐在他的右手边，内心也是有激荡的，她可能没有预料到孩子会说出这么多她从未听到的话语，她可能不曾预想过她的教养方式带给孩子的是什么，我看到了妈妈眼里面的泪花，也看到了孩子内心的渴望，他在用各种各样的方式告诉父母：请你们用心地看着我，看看我想要什么，看看我的状态，请你们真正地靠近我，拥抱我。

这个男孩儿：“我在学校里面调皮捣蛋、犯规，就是因为我不想上学了。而我说什么你们也不听、也听不懂，所以，我只好用这样的方式了。我在用自己能够想到的所有方式来唤醒父母的注意，不是只有学习才是唯一的，我也想学，但我现在好多的问题，我没有办法静下心来学习，请你们帮帮我。”

我承接了妈妈和儿子的双重期待和渴望，所以，咨询的时间一拖再拖，两个小时的时间里，我喋喋不休地讲着，其实也在传达我的焦虑，我太渴望能够帮助这对母子了，所以，我也被卷入了他们的内在纷争中。当我跳出来才发觉，其实，这个男孩儿本来就是智慧的，他只是缺少那么一点点助推力而已，他足够好，他的勇气和力量、他的男子汉的气质，都需要他自己来激发。

咨询手记：

作为咨询师，很多时候，我们必须要感谢我们的来访者，这个男孩儿，正处在青春多动期，却能就这样在咨询室里面坐了整整两个小时，虽然不时地会打哈欠，但他仍然和我有频繁的互动，他会在不太清楚我要表达什么意思时，坦诚地表达他不清楚，希望我再澄清一下。他会若有所思，他会真实地流露对父母的情绪，表达自己的诉求。而妈妈，一个40多岁的中年妇女，像一个小学生一般地侧耳聆听，这些都让我深深地感动。

但同时，我也提醒自己，作为咨询师，必须要学会用第三只眼睛来看待整个咨询，必须要用专业的素养去感受来访者，必须要将自己放到与来访者真正平等的位置上来做咨询。在工作时间，我只是个心理咨询师，不是一把万能的钥匙，我只能陪伴我的来访者，让其一点点地去走入自己的内心，去直抵自己的灵魂，看到自己，觉察自己的成长。

高中生生涯规划个体咨询和指导案例研究

青岛市实验高级中学　张晓梅

人生需要规划，高中阶段更需要规划。没有规划，人生就没有方向。对高中生进行有效的指导和管理可以为他们指路引航，有助于其清晰定位，提升优势，快速成长。

高一学生刚刚离开初中升入高中，开始适应新的班级和新的学校生活，每个学生也在寻找适合自己的位置。第一学期的适应期过去后，马上要面临“六选三”的选类和后面要对接的未来的专业、职业等，所以这时候对未来的探索需求就呈现出来，而学生身处高一，还未对生涯规划有清晰的概念，一切都在迷茫中，家长也在按照自己的经验给孩子规划人生，希望孩子将来做什么，成为什么样子的人。这时候家长和孩子之间、孩子与班主任之间、孩子与其他同学之间可能会出现一些矛盾点，需要进行协调和指导。

一、 个案分析

小白，独生女，高一某班学生，学习成绩一般，学习动力不足，在班级里人缘不错，性格很好，对个人形象非常在意，注重外在打扮。自己对传媒和表演感兴趣，希望将来通过艺考等形式，从事这方面的工作。父母自己开公司，经济条件非常好，对她未来没有太多的经济和志向要求，已经为她安排好未来的道路，希望担任自己家里出资开设的连锁幼儿园园长，做管理工作；或者去当兵，锻炼一下。现在小白的意愿和家长的意愿产生了冲突，不知道要怎么做。

二、咨询方法和过程

根据小白的基本情况，利用专业的生涯理论知识和一定的测评工具，制定了咨询计划和各阶段的目标。

1. 第一次咨询：认识生涯规划，明晰生涯规划的意义

因为是任课教师的原因，我已经与她建立了良好的关系，可以直接进入咨询。通过一份自制问卷，了解到小白对自己的兴趣、性格、价值观等没有很明确的认识，只是知道自己想从事传媒专业，想学表演，对表演专业及其未来的发展了解也很少，对父母提议的管理和从军两个领域也没有明确的认识，只知道自己不喜欢，但是还想要协调自己和家长的意愿和矛盾。

在这次咨询中，我告诉小白现在的选科和未来的职业都是生涯规划的一部分，可以通过自我分析、内外环境分析、确定目标、实施策略、反馈评估等步骤进行个人的生涯规划。所以认识、了解自己是第一步，也是很重要的一步。

2. 第二次咨询：认识自我，进一步澄清

有了上次的了解和铺垫，经过和她协商确认，建议她利用蛙人网测评系统，通过职业天赋、职业风格、职业动机、职业兴趣、职业匹配等测试对自己有一个深度的认识。经过半小时的测评，获得她的测评结果如下：

D类报告 优势倾向
开拓型 75
关系型 95
人文型 46
执行型 35
监控型 7
思考型 25
创意型 23
激励型 59
E类报告 内在特质
开拓挑战 75
关系维护 95
实干执行 35
技术研发 11
创意设计 23
谋略策划 25
监察计划 7
人文思想 46
演讲激励 59
灵活变通 84
A类报告 PN, ZR, SJ 天赋才干
执行才干
思维才干
关系才干 积极——无忧无虑；乐观开朗的传达者*1
交往——重视情感；真诚善良的好朋友*3
包容——有容乃大；心胸开阔的凝聚者*4
和谐——尊重他人；有效倾听的协调者*6
影响才干 取悦——交际广泛；人际关系的开拓者*2
沟通——有效说服；生动灵活的演说家*5
F类报告 团队角色
角色名称
0～29（避免角色）
30～69（次要角色）
70～100（自然角色）
智多星 41
资源调查员 95
协调者 58
鞭策者 46
监督评论员 16
凝聚者 89
实干家 35
善始善终者 21
专家 10

C类报告 需求动机
您偏向于生活型—比较注重生活品质的提高，并以此为内驱动力
您渴望：时尚享受、情感激励 您缺乏：金钱财富、健康休息
岗位倾向 原则性管理——原则性强，生活工作者，个人动机
思考模式 正面思考型——阳光乐观，先看到好的一面
职者状态 享乐——美景美食美袖舞 我视金钱如粪土
动机组合 多情人——以人为本 写意抒情 追逐时尚 吸引异性
财富 7
健康 8
享受 12.5
工作 8
权力 8.5
创新 9
情感 10.5
荣誉 10.5
B类报告 性格表现
您偏向于示范者/表演者型（ESFP）
示范者/表演者型（ESFP）
◆幽默嬉戏，活泼诙谐，笑料不断，使他人放下忧虑，彻底放松
◆精力充沛，无拘无束，任性且放纵，凡是总看好的一面
◆大度且友善，喜怒皆形于色，感情丰富，十分坦率
◆人缘很好，喜欢娱乐并取悦他人，把兴奋和快乐放在第一位
E外向 15.25
I内向 5.75
S觉察 14.25
N直觉 11.75
T思考 9.5
F情感 14.5
J判断 9
P感知 13

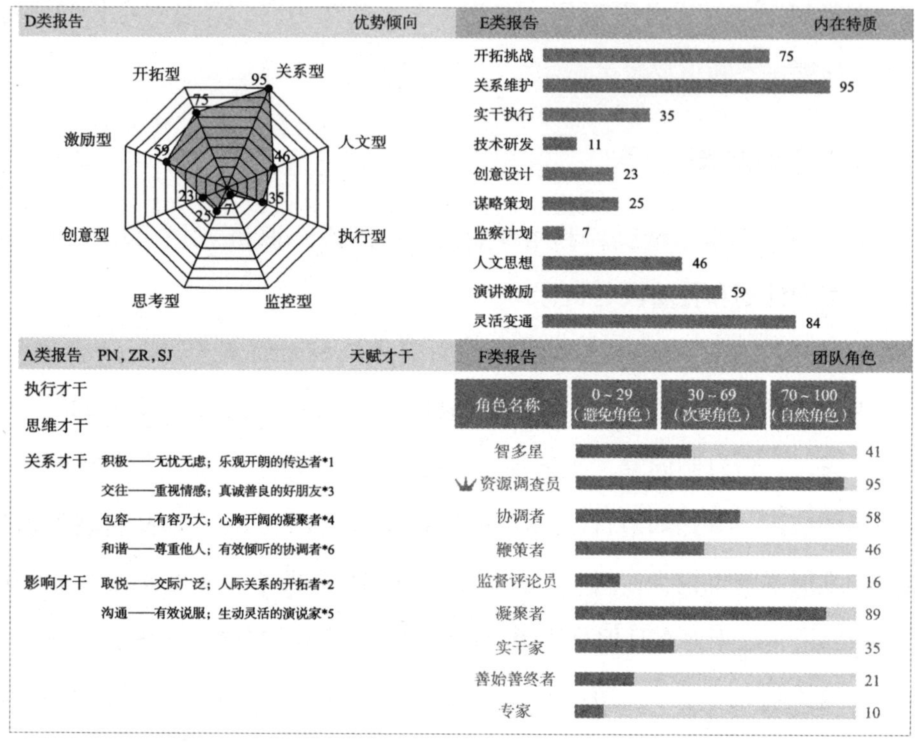

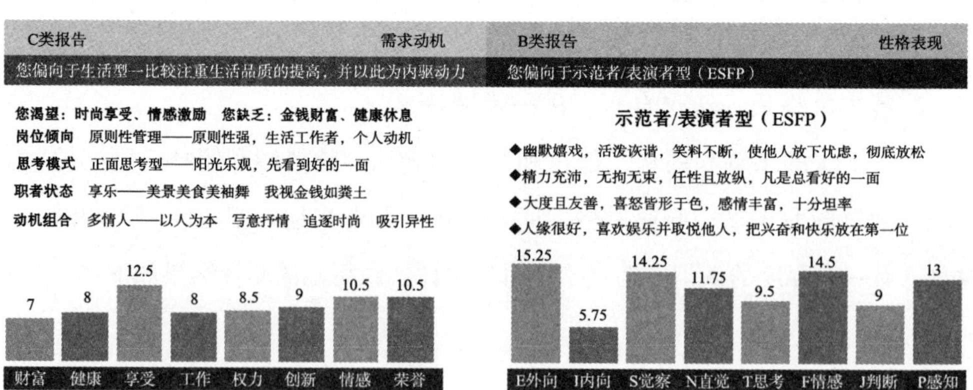

图1 测评结果

（1）性格方面：小白的性格属于外倾感觉情感感知（ESFP），幽默活泼，精力充沛，感情丰富，坦率真诚，喜欢娱乐，人缘很好，积极向上。

（2）职业兴趣方面：擅长关系维护、灵活变通、开拓挑战、演讲激励，喜欢和人打交道。不擅长监察计划、技术研发、创意设计、实干执行。

（3）个人优势方面：关系才干和影响才干，欠缺的是执行才干和思维才干。

（4）价值观：特别追求“享受”，看中“荣誉”和“情感”，最不看重的是“财富”“健康”“工作”。

通过各方面的探索和分析，可以看出，小白是一个乐天派，喜欢快乐，做独特的自己。我们结合先天的天赋、后天的性格还有自己想做的事情，三者交叉，找到适合的未来之路。

3. 第三次咨询：澄清矛盾冲突，确定目标

根据上次的测评结果和对自我的分析，小白发现自己更适合原来想要从事的表演行业。从事幼儿园园长一职，走管理之路，要求既有管理者的气魄，还要懂基本的教学业务，还要关注财务，这很明显与她性格里的“喜欢娱乐”、追求“享受”的价值观有冲突，她不太适合做管理者，从军也不符合她的优势和天赋才干。

所以，最后她还是很忠于自己原来的设想，从事表演行业。她不再迷茫，打算跟自己的妈妈好好谈谈，试着说服她，坚持自己的意见。

4. 第四次咨询：探讨计划，实施行动

有了目标后，要实现目标更多要落在实际行动上，怎么做？什么时候做？做什么？这都是要切实讨论的问题，也是这次咨询的主要目标。

她将来要学习表演专业，需要学习成绩+专业测试。专业测试高二的时候可以去上专业课程，现在高一的课余时间可以参加学校的艺术社团或者

一些班级和学校的演出，锻炼自己。

关于表演专业新高考要选择的科目，参考浙江高考的经验，以浙江传媒学院为例，上网搜索信息发现，表演专业及其相关的传媒类专业几乎都不限制，可以随意组合选考科目。

学校名称：浙江传媒学院				
	学校代码：11648			
层次	专业（类）名称	选考 科目数	选考科目范围	类中所含专业
本科	音乐表演（声乐）	0	不限	
本科	音乐表演（声乐）	0	不限	
本科	音乐表演（西洋乐）	0	不限	
本科	音乐表演（钢琴）	0	不限	
本科	舞蹈编导	0	不限	
本科	舞蹈编导（音乐剧）	0	不限	
本科	表演	0	不限	
本科	戏剧影视文学	0	不限	
本科	戏剧影视文学（编剧与策划）	0	不限	
本科	广播电视编导	0	不限	
本科	广播电视编导（媒体创意）	0	不限	
本科	广播电视编导（文艺创意）	0	不限	
本科	戏剧影视美术设计	0	不限	

所以目前高一阶段要做的就是保持学习的节奏，找到至少三个优势学科。当然，学习确实是一个有挑战的事情，目前策略就是打好各学科的学习基础，个别理科科目实在太难的部分可以放一放。做题的效率要靠不断做题实现，只做一遍可能达不到效果。学习上不要怕吃苦，一遍不行就两

遍，两遍不行就三遍，努力很重要。

建议她把计划细致到每一个学期，能做的是什么，需要挑战自己的是什么，可以放弃的是什么，梳理清楚。

三、启示

（1）学生迫切需要指导。他们马上要面临“六选三”的选择和未来职业方向的选择，由于缺乏社会经验和职业认知，对专业的了解渠道太少，这就影响到他们的选择效率。如果忽略了对他们的指导，三年内的选择可能就会随大流或者跟着学校的节奏走，最后还是不能到自己心仪的学校或者专业学习，将来还是不可避免地出现各种职业的不适应。

（2）在学生做生涯选择的过程中，家长是非常大的一个影响因素。家族职业的喜好、家长的定位无形当中会影响学生做选择。很多学生的未来可能都是家长在代替做选择，希望孩子将来学什么、干什么，更多考虑的是现实就业和经济要素，这与生涯指导提倡的结合学生的兴趣、能力、价值观等进行规划有很大的出入，需要家长调整认知，尽量把选择权还给孩子，或者跟孩子一起讨论。

（3）生涯工具和测评只做参考使用。每一个生涯工具，包括测评量表，都只是指导学生进行选择的一个工具，而学生本身是发展变化的，生涯方面也是这样，所以不能唯测评，只认测评，要充分考虑到每个学生的实际情况。所以做一个生涯指导老师责任很大，也很有意义。只有不间断地学习，才能以更专业的视角指导学生进行生涯规划。

生涯规划，我们在路上。

一例高一学生考试焦虑心理辅导案例

青岛第三十九中学　董勇燕

一、一般临床资料

1. 人口学资料

来访者小岩，女，16岁，青岛某高中高一学生。躯体未见异常。

2. 个人成长史

来访者小岩，家中4人，还有一名7岁的弟弟读小学一年级，爸爸在外地上班，支撑家里4人的花销，母亲不上班，照顾两个孩子，母亲对小岩要求非常严格，小岩的初高中学习成绩均不错，在班里排第五六名的成绩。小岩性格内向，自尊心强，不善于交际，但小学、初中成绩都不错，父母对她的期望也很大，中考考入一所重点学校的重点班。

3. 精神状态

来访者小岩思维状态、语言表达非常清晰，但学习很难集中注意力，上课老走神，情绪紧张焦虑，有时精神恍惚。

二、来访者主诉

我在高中之前一直都是班上的优秀学生，老师也比较喜欢我，父母对我要求也比较严格，对我的成绩也比较自豪。可是我进入高中之后，发现班里同学都非常优秀，也多才多艺，在没有考试之前我一直在猜测自己在学校中的排名和班级中的排名，内心有些恐慌，随之而来是第一次数学考试，150分满分的试卷只考了90多分，班级考得最好的同学140多分，我深感与一些同学的差距，很多同学比我优秀的想法在我心中慢慢发芽。到了第一次月考，成绩依旧不是特别理想。我对自己的成绩很不满意，比进学校时的排名降了很多，父母也严肃地批评了我。我就暗自给自己施压，期中考试一定要让成绩进步。可能是因为把成绩看得太重了，临近考试这几天就特别慌张，生怕又考出不理想的成绩，上课老走神，学不进去，晚上也经常性失眠。期中考试考数学时，我拿到试卷后，有几道选择题不会做，突然大脑一片空白，拿着笔的手一直在发抖，特别紧张，一直在想又考不好了，越想镇定越镇定不下来。期中考试后的这几天，我一想到那次考试就特别紧张，我害怕以后的考试都会出现这样紧张的状况。

三、评估与诊断

1. 依据病与非病的三原则，可排除精神病

理由：小岩的主、客观统一，对自己心理上出现的问题有自知力，且有自我分析的能力，并且主动找心理老师求助；表现问题有一定的诱因（环境变化、考试）；小岩的知情意是统一的，无逻辑思维的混乱，无幻觉、妄想等精神病的症状，因此可以排除严重性心理问题。

小岩的心理问题主要是担心考试失利引起的，且在近期发生，其反应强度是可以理解的，不良情绪持续时间为三个月，未泛化到其他方面，没有对社会功能造成严重影响，有很好的自知力，也有很好的改变愿望，因此小岩的问题诊断为一般心理问题。

2. 原因分析

（1）生物因素：小岩是女孩，16岁，正处于青春期。此时形成的自我意识还不是很稳定，对外界的评价非常敏感。

（2）社会因素：小岩刚进入高中，还存在适应的问题；父亲在外地上班，非常辛苦，母亲照顾两个孩子，也非常辛苦，所以小岩不想让他们失望，就给自己不断施压。

（3）心理因素：小岩在小学、初中成绩都很优秀，她害怕自己优等生的位置进入高中之后会保不住；情绪方面，受考前紧张焦虑的情绪困扰不能很好地调整自己；自尊心强，性格内向，不善于交际，追求完美，认为每次考试必须考好才是好学生等。

四、咨询目标的制定

根据下面的评估和诊断，同求助者协商，咨询目标确定如下。

具体目标和近期目标：降低来访者的焦虑心情，增强自信心，调整认知错误，缓解考试焦虑，提供应对考试技巧。

最终目标和长期目标：完善求助者的个性，增强社会适应能力，促进其心理健康和人格完善。

五、咨询方案的制定

1. 主要咨询方法

合理情绪疗法。

2. 适用原理

合理情绪疗法是美国著名心理学家埃利斯于20世纪50年代首创的一种心理治疗的理论和方法，该方法旨在通过纯理论性的分析和理论思辨的途径，改变来访者的非理性信念，以帮助其解决心理和行为上的问题。这种理论强调情绪的来源是个体的想法和观念，而非事件本身。个体可以通过改变这些认知因素来改变情绪。该理论认为，使人产生情绪的不是事件本身，而是对事件的不正确的解释和评价。合理情绪疗法的基本原理主要是ABC理论，A是诱发性事件，如学校的大小考试；B是个体遇到诱发事件后产生的信念，如考试失败之后会自责，对不起家人，代表自己没有学习能力；C是信念导致的情绪和行为后果，如考试前紧张，考试时发抖，大脑空白，考试成绩不理想。

3. 咨询时间

每周四下午5:20～6:20咨询1小时，共计6次。

六、咨询过程

1. 大致分为四个阶段

第一阶段是诊断阶段：建立咨询关系，收集资料，进行心理诊断，通过与求助者交谈，找出其情绪困扰和行为不适的具体表现（C），以及与这些反应相对应的诱发性事件（A），并对两者之间的不合理信念（B）进行初步分析。

第二阶段是咨询阶段或领悟阶段：首先帮助来访者分析和解决问题，帮助来访者领悟合理情绪疗法的原理。改变其不合理的认知及不适应的情绪与行为。

第三阶段是修通阶段：这一阶段的工作是合理情绪疗法中最主要的部分，使求助者修正或放弃原有的非理性观念，并代之以合理的信念，从而使症状得以减轻或消除。

第四个阶段是再教育阶段：这一阶段的主要任务是巩固前几个阶段所取得的效果，帮助求助者进一步摆脱原有的不合理信念及思维方式，使新的观念得以强化，从而使求助者在咨询结束之后仍能用学到的东西应对生活中遇到的问题，更好地适应现实生活。

2. 具体咨询过程

（1）诊断阶段（第一次咨询）。

目的：① 建立良好的咨询关系；② 了解求助者的基本情况，收集相关资料；③ 确定主要问题，共同协商咨询目标；④ 介绍心理咨询方法和相关情况。

过程：① 介绍心理咨询的性质和限制及咨询过程中的有关事项与规则；② 通过尊重、共情、理解等参与性技术与求助者初步建立良好的咨询关系，采用摄入性会谈收集求助者的有关资料，了解求助者的基本情况、精神状态、行为特点以及求助动机；③ 与求助者初步商讨咨询目标和咨询方案，简要介绍合理情绪疗法、ABC 理论，使求助者认识到A、B、C 三者之间的关系，求助者认同合理情绪疗法，双方就咨询目标和方案达成一致意见。

家庭作业：运用身边事例寻找证据证明ABC理论的正确性。

（2）咨询阶段（分为三个小阶段）。

① 合理情绪疗法的领悟阶段（第二次咨询）。

目的：巩固咨询关系；寻找和确认求助者的不合理信念；帮助求助者领悟自己的问题与不合理信念。

过程：咨询作业反馈过程中，求助者自己找出证据证明了ABC理论的正确性。咨询师肯定了求助者完成作业的积极性和准确性，同时帮助求助者找出自己不合理的信念是：考试考好才代表她的真正价值，否则没有价值；因为一次考试失利就认为“我一事无成，是个无用的人，彻底完了”，“成绩下降，老师就不喜欢”，这是不合理的信念，它使求助者陷入情绪困扰之中。求助者领悟到自己的情绪问题是由她现在所持有的不合理信念造成的，而不是诱发事件本身，她对自己的情绪和行为反应有责任。只有改变不合理信念，建立合理思维方式，才能减轻或消除症状。

② 合理情绪疗法的修通阶段（第三、四次咨询）。

目的：巩固咨询效果；帮助求助者修正或放弃原有的不合理信念；帮助求助者建立合理信念，减轻或消除情绪困扰。

第三次咨询：

帮助来访者了解什么是合理的信念，什么是不合理的信念，指导来访者寻找和确认自己的不合理信念，学会区分合理信念和不合理信念。同时鼓励来访者主动体会不同的信念对自己情绪和行为产生的不同影响，自己与自己的不合理信念进行辩论，注意记录自己在日常生活中出现的不合理信念。咨询师运用与不合理信念辩论的技术，从科学、理性的角度对来访者持有的不合理信念（绝对化思维方式）进行挑战和质疑，修正来访者原有的非理性信念，并代之以合理的信念。

第四次咨询：

巩固以前的咨询效果，让来访者更深刻地认识到自己出现情绪困扰的真正原因。咨询师继续运用与不合理信念进行辩论的方式，帮助来访者与自己的不合理信念（以偏概全和糟糕至极）进行挑战和质疑，使其修正或放弃原有的不合理信念，并代之以合理的信念。

③ 再教育阶段（第五次咨询）。

目的主要是巩固前几个阶段所取得的结果，帮助来访者进一步摆脱原有的不合理信念和思维方式，使新的观念得以强化，从而使来访者在咨询结束后能利用学到的心理知识、方法技术应对今后生活中遇到的问题，能更好地适应现实生活，提高自己的心理健康水平。

咨询师一方面帮助来访者进一步摆脱原有的过分概括化和糟糕至极的不合理信念及绝对化的思维方式，强化新观念，另一方面，注意指导来访者用新的思维方式解决生活中遇到的问题。

（3）巩固阶段（第六次咨询）。

这个阶段咨询的目的主要是总结、巩固、提高。咨询师和来访者全面回顾和总结整个咨询过程，帮助来访者实现知识与能力的迁移，把咨询中获得的方法、体验运用到日常生活中。进行心理测验，对照咨询开始时的测验情况，评估咨询效果，结束咨询。

七、咨询效果评估

1. 来访者自我评估

来访者自述心理咨询给了自己很大的帮助，心情好转很多，认识到以前的很多想法是不合理的，现在感觉轻松多了，上课能专心听讲了，对学习更有信心，也愿意参加班级活动了。

2. 周围人的观察

随访中，室友反映来访者原来整天只知道学习，基本上很少和她们交流，现在好多了，晚上回到宿舍能主动找她们聊天，感觉她比以前开朗了。

3. 心理咨询师的评估

咨询的具体目标和近期目标基本实现，来访者基本消除和缓解了抑郁、烦恼、焦虑的情绪。来访者改变了不合理信念，学会用合理情绪疗法中的理论知识分析生活中产生的不合理信念并与之进行辩论，促进了求助者的自我成长。